El diario de LA NIÑA QUE FUISTE

MARTA SEGRELLES

El diario de LA NIÑA QUE FUISTE

Un cuaderno para sanar
y reconectar contigo

BRUGUERA

Papel certificado por el Forest Stewardship Council®

Penguin
Random House
Grupo Editorial

Primera edición: mayo de 2025

Printed in Spain – Impreso en España

ISBN: 978-84-02-43025-0
Depósito legal: B-4.562-2025

Compuesto en Comptex&Ass., S. L.
Impreso en Huertas Industrias Gráficas, S. A.
Fuenlabrada (Madrid)

BG 3 0 2 5 0

Este libro pertenece a

....

....

ÍNDICE

INTRODUCCIÓN

Querida lectora:

Si este diario ha llegado a tus manos, tal vez ya me conozcas, y puede que incluso hayas leído *Abraza a la niña que fuiste* o *Querida mamá: me dueles,* dos libros que he escrito con mucho cariño para ayudar a sanar heridas emocionales de la infancia. Tanto si estás familiarizada con mi trabajo como si no, te doy la bienvenida a este espacio seguro y de apoyo donde, juntas, trabajaremos para que puedas conocerte mejor, reconectar con tu niña interior y transformar tu presente.

Antes de ir a terapia y trabajar con mi niña interior estaba enfadada y triste conmigo misma. No me sentía una «buena adulta»: que para mí significaba hacerlo todo bien, no tener dudas en el camino, no abrumarme por ninguna situación, saber muy bien cómo gestionar las emociones... y no sentir nunca incomodidad. Esta imagen tan poco realista es, en realidad, la que construimos a partir de las experiencias que hemos vivido con algunos adultos que conocimos durante nuestra infancia, personas que pocas veces mostraban sus emociones, sus miedos, sus temores, como tampoco celebraban sus logros o reían a carcajadas... A veces, quizá por protegernos, nos ocultaban sus emociones, pero al no tener ninguna información de su mundo interior, nosotras creíamos que el motivo de su distancia emocional tenía que ver con nosotras. Así, hemos aprendido a negar, reprimir o minimizar desde pequeñas muchas muestras de expresión emocional, sintiendo que es mejor no darles espacio.

Este diario es un cuaderno de autoexploración, reflexión y recursos prácticos que busca ofrecerte herramientas para explorar tu pasado y permitirte sentir. Cuando hay situaciones que nos han sobrepasado y las hemos vivido en soledad, se quedan dentro de nosotras, como en pausa, y para integrarlas, avanzar y sanar, necesitamos sentirnos seguras. Espero de corazón que estas páginas sean un refugio al que puedas acudir cuando y siempre que lo consideres oportuno.

Aunque soy consciente de que ningún libro puede sustituir una terapia con un profesional de la salud, espero que este diario te ayude a expresar tus emociones tal y como merecías y mereces sentirlas; que te ofrezca consuelo y sea una ventana a esa parte de ti que ha vivido las experiencias más agradables y también desagradables de tu infancia. Para que puedas mirar a esa que niña que todavía vive en ti con ojos amorosos y la cuides sin condiciones ni juicios, y alcanzar así el bienestar emocional que tanto anhelas.

Porque nunca hubo nada malo en ti. Empecemos juntas.

Te abrazo,
Marta

Las lectoras de *Abraza a la niña que fuiste* y yo creamos una playlist en Spotify con canciones que suenan como un abrazo en el que imaginas muchas personas sosteniéndote mientras las escuchas.

Te recomiendo que recurras a ella si necesitas conectar con tus emociones o darles voz. Espero que te acompañen cuando lo necesites.

Antes de dar el primer paso...

Este libro sigue un recorrido basado en la teoría que he expuesto en mis obras y su contenido está pensado para que lo trabajes de manera lineal. No obstante, es probable que algunos de estos ejercicios te remuevan o te generen cierta incomodidad. Si es así, **sé amable contigo y no te fuerces.** El objetivo de este diario es que te **permitas sentir y que te acompañes,** pero solo podrás hacerlo como te mereces si tanto tu cuerpo como tu mente están listos. A veces no somos conscientes de lo que hemos sufrido hasta que alguien nos invita a reflexionar con preguntas muy concretas.

Por ello, te recomiendo buscar primero un entorno que te ofrezca calma y paz para estar contigo misma y dar espacio a la voz de tu niña interior. Quizá un día sea tu habitación, con el confort de tu cama y una taza de té o chocolate caliente; pero también puede ser que, en otro momento, encuentres esa seguridad en un parque o junto al mar. **Lo importante es que te honres a ti misma dándote un espacio seguro y sin interrupciones.**

En caso de que hayas iniciado un proceso terapéutico, te aconsejo que compartas con el profesional que te acompaña lo que hagas en este diario. Una parte del malestar asociado a las heridas de la infancia se debe a que, cuando esas experiencias adversas ocurrieron, no teníamos las herramientas adecuadas para hacerles frente y los adultos a nuestro alrededor no nos acompañaron de la forma que necesitamos. Hoy puedes ser la adulta que te habría gustado tener a tu lado ayer, pero es importante que sepas que, **cuando trabajamos para integrar y reparar esas heridas en nuestro relato interno, el malestar del pasado puede volver a aflorar, a veces de manera intensa**. Por eso, es importante que compartas con tu entorno de confianza tu progreso en el camino, para que puedas acudir a ellos si en algún momento sientes que te falta una mano amable y comprensiva.

El inicio del camino

Para empezar, anota los nombres de aquellas personas que pueden sostenerte, que son un abrazo para ti. Para ello, piensa, por ejemplo, en quién avisarías para compartir una buena noticia o a quién, al tener un mal día, aunque te cueste, se lo dirías, mostrándote vulnerable. Apunta sus nombres y de qué modo te ofrecen esa seguridad. Si ahora, por lo que sea, este aspecto social está limitado, recuerda que si estás aquí es porque algo o alguien te sostuvo, trata de traer esta información al presente.

....

....

....

....

Tu botiquín de emergencia

Ahora que sabes que tienes esas personas abrazo que te ofrecen un refugio al que puedes acudir en caso de que te haga falta, también es importante que sepas que **tú, como adulta, puedes adquirir las herramientas para sostenerte como lo necesitas**. Por eso estás aquí: para aprender a confiar en tu capacidad para acompañar a esa parte de ti más vulnerable.

El camino de sanar tus heridas es un recorrido hacia delante y, aunque a veces tropieces o incluso caigas, es importante que celebres cada paso y logro, incluso los más pequeños.

Para ponértelo un poco más fácil, **piensa en todas esas cosas, planes, actividades, hobbies..., que te hacen sentirte en paz contigo misma**. Imagínate que sales de la oficina después de un día pésimo. ¿Qué harías para intentar sentirte mejor?

Por si te ayuda, algunas de las cosas que yo haría son:

* Escribir a una amiga a ver si puede quedar para merendar.
* Ir directa a casa, ducharme, ponerme cómoda y ver una comedia romántica.
* Llamar o enviarle un audio a una amiga, a alguna de las de la lista de la página anterior.
* Cenar con mi marido y hablar de cómo estamos antes de ver algo juntos.

- ✳ Pasear por alguna zona verde con música que me gusta de fondo.
- ✳ Leer novelas de misterio (por irónico que pueda parecer, un buen libro lleno de incógnitas y suspense me entretiene y me ayuda a calmarme).
- ✳ Ir a nadar a la piscina y ahí, sin distracciones, permitirme dejarles espacio a todos los pensamientos para darles forma.
- ✳ Decorar mi casa con adornos de Navidad (esto, por desgracia, solo puedo hacerlo durante una época muy concreta del año).

Después, anota cada una de estas cosas que has pensado en un papelito o un pósit y métlos en una cajita. Te recomiendo que hagas una lista variada (diez o quince papelitos deberían ser suficientes). Cuando te sientas perdida y no sepas qué hacer para gestionar el malestar, saca un papel y sigue sus instrucciones. Date ese espacio para regular tus emociones siempre que lo necesites. Te recomiendo que, si sale un papelito que no describe lo que te pide el cuerpo, trates de pensar en cuál te gustaría más para así reconocer mejor cuál es tu nivel de energía para hacer una actividad u otra.

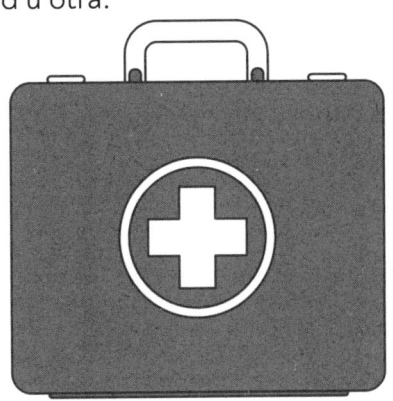

El jardín de tu infancia

Cuando somos pequeñas no tenemos las herramientas o recursos para afrontar los sucesos del día a día y esperamos que ese apoyo venga de los adultos que nos acompañan. Si esto no se ha podido dar, al vivir ciertas experiencias en soledad, tendremos algunas vivencias del pasado que nos han sobrepasado sin haberlas integrado emocionalmente. A pesar de crecer, en ocasiones, sentimos ese **vacío emocional debido a esos momentos que se quedaron dentro de nosotras, como en pausa, pendientes de integrar, y para sanar necesitamos darles sentido.** Esas experiencias las consideramos traumáticas porque, cuando ocurrieron, las vivimos en soledad y, debido a que no nos pudieron acompañar, nos podemos sentir atrapadas a nivel emocional en esas escenas. Así, podemos distinguir entre:

 **Traumas con T mayúscula:** eventos puntuales que han superado nuestros recursos para hacerles frente y manejar nuestra respuesta emocional. Por ejemplo: una guerra, un accidente, la pérdida de un familiar, etc.

 **Traumas con t minúscula:** son aquellos hechos que, de manera repetida, ponen en peligro nuestra integridad física o emocional. Por ejemplo: un padre o madre emocionalmente

ausente, el acoso escolar, una dinámica familiar disfuncional (peleas constantes entre las figuras adultas), etc.

Ahora, cierra los ojos y piensa en tu pasado como si fuera un jardín, grande y frondoso, donde crecen flores preciosas (todos los momentos y vivencias agradables), pero también hierbajos y maleza (estos representarán las experiencias adversas de tu infancia). A continuación, **dibuja en tu jardín aquellas vivencias que recuerdes que te generan incomodidad hoy en día**. ¿A qué categoría crees que corresponden: a los traumas con T mayúscula o con t minúscula? ¿Ves alguna relación entre ellas?

Es posible que este ejercicio te remueva mucho internamente, en terapia lo llamamos «hacer una línea o historia de vida», para que puedas comprender cómo están relacionadas las experiencias pasadas y así conectarlas con lo que te ocurre hoy. También te recomiendo que dibujes todas aquellas flores bonitas (recuerdos, personas, actividades agradables o que te sostuvieron) que han crecido y que, en la actualidad, atesoras en tu memoria. Para favorecer la integración de las experiencias adversas, siempre recuerdo que, por muy heridas que estemos, estamos aquí, así que hay algo que nos sostuvo.

El objetivo de este diario es que consigas que los hierbajos no ahoguen a las flores y dejen sitio a nuevos brotes; que la herida sane y la vida se abra paso a través de ellas.

El primer abrazo

Tu **niña interior** es esa parte de tu yo vulnerable y sensible que te recuerda que, aunque has llegado lejos, también te has sentido sola durante el camino. **En este ejercicio me gustaría que dediques unos minutos para reflexionar sobre tu malestar actual y cómo crees que podría estar relacionado con experiencias de tu infancia como las que has dibujado en tu jardín.** ¿Recuerdas alguna ocasión en la que te sentiste sola, desatendida o que no te dieron lo que de verdad necesitabas? **Escríbele a una carta a la niña que fuiste y háblale de cuáles son tus recuerdos de ese tiempo.** ¿Qué es lo primero que necesitas decirle?

No te fuerces si ahora lo que te vienen son palabras de rechazo, dolor, vergüenza o si hablas desde la herida, que todavía duele. Si es así, date un respiro y recurre a tu botiquín de emergencia o a una de esas personas abrazo de las que te hablaba antes.

Te presto un acercamiento por si te resuena o crees que puede ayudarte: «Quiero acércame a ti, pero no sé cómo hacerlo...».

En este espacio, concédete la oportunidad de darle a esa niña el primer abrazo que tanto busca; ese primer abrazo consiste en que se sienta vista por ti, en que seas testigo de lo que ella vivió.

El mapa de tu familia interna

De acuerdo con el enfoque IFS (*Internal Family System*), el modelo de los sistemas de la familia interna creado por Richard Schwartz, en nuestro interior existen diferentes versiones de nosotras mismas (como varias caras de una moneda): **nuestras partes internas y protectoras**, y todas ellas conforman un ecosistema que existe alrededor de nuestro verdadero yo.

Estas partes se agrupan en **mánagers o directivos** (son aquellas facetas de nuestro yo que nos protegen de manera preventiva, enfocadas en las tareas sociales y productivas como una parte perfeccionista); **apagafuegos o bomberos** (nos protegen de manera reactiva, para apagar el malestar cuando no se ha podido evitar el dolor, enfocadas en tareas que nos ayudan a alejarnos y anestesiarnos del dolor como una parte evitativa); y **exiliados** (las partes que albergan las heridas emocionales y que intentamos mantener ocultas, como la vergüenza que sentimos cuando nos equivocamos un día en clase y todos se rieron).

Imagínate en una sala de reuniones donde tú presides la sesión. Los presentes están enzarzados en una discusión en la que todos hablan a la vez. Mientras, tú, que no sabes cómo llegar a un acuerdo, acabas eligiendo bando, lo que deja a otras partes sin voz... Así es como vivimos la experiencia con nuestras partes internas cuando las heridas no se han sanado todavía, sentimos que todas hablan a la vez, y no hay una voz firme y compasiva que escuche y que reúna todos los parlamentos.

Estas partes surgieron en la infancia como un mecanismo de protección ante las experiencias adversas (como las que has dibujado en el ejercicio de la página 18). Estas partes, que siguen alerta para mantenernos sanas y seguras, adoptan muchas caras y reaparecen en la vida cotidiana con una serie de comportamientos y frases que, al final, solo buscan protegerte. Es como si se hubieran quedado ancladas desde tu infancia, sin ser conscientes de que **tú, ahora, posees los recursos necesarios para sostener las experiencias adversas a las que te tocará enfrentarte**.

Reflexiona sobre estos términos. ¿Con cuáles de ellos te sientes identificada? ¿En qué momentos afloran estas características o comportamientos en tu caso? Coloca aquellas partes que consideras que te definen mejor en la categoría correspondiente (bomberos, mánagers o exiliados) y escribe aquellas palabras o imágenes que te vienen a la mente cuando conectas con cada una de esas partes que aparecen para protegerte.

Por ejemplo: Cristina tiene una parte **perfeccionista (mánager)** que la lleva a querer trabajar cuidando mucho los detalles por miedo a que piensen que no está preparada. Su perfeccionismo se presenta junto a una parte crítica interna que busca protegerla de las críticas externas y se expresa con frases como: **«Si te esfuerzas más, todos te respetarán y te valorarán».**

MÁNAGER	APAGAFUEGOS	EXILIADOS

PERFECCIONISTA
«Si te esfuerzas más, todos te respetarán y te valorarán».

Tus 8C

Según el modelo IFS, además de estas partes que existen en nuestro interior, dentro de todas nosotras habita el *self*, o la esencia del yo. Este *self* es tu yo más auténtico; **una especie de brújula ante la adversidad**. Es tu estado adulto, el que sostiene a todas las partes y ayuda a encontrar una respuesta que tenga en cuenta todos tus miedos y todas tus necesidades. Se caracteriza por las siguientes ocho cualidades, las que se conocen como las 8C:

> ❋ **Curiosidad:** una disposición a explorar sin juicios y con apertura de mente para comprender. «No lo entiendo, pero me gustaría saber más».
>
> ❋ **Calma:** un estado tranquilo y sereno con ausencia de impulsividad en las situaciones estresantes. «Estaba muy agobiada, pero me tomé unos momentos antes de entrar al examen».
>
> ❋ **Compasión:** mostrar empatía y comprensión, sobre todo, hacia esas partes que puedan estar heridas en nosotras y apoyar a los demás. «Me emocioné al conocer su historia, no sabía que había sufrido eso».
>
> ❋ **Confianza:** sentir una fuerte seguridad interna para seguir la intuición y la capacidad para tomar decisiones. «Tengo bastante claro lo que quiero hacer, aunque me gustará escuchar opiniones, pero no necesito permiso».

- ✳ **Coraje:** la valentía para seguir adelante a pesar del miedo ante situaciones difíciles. «Al final le comenté al jefe mi descontento con esa opción, fue una conversación incómoda, pero me siento orgullosa».
- ✳ **Conexión:** una actitud de unión hacia los demás para crear relaciones auténticas, sea con nosotras mismas o con el resto. «Me daba vergüenza reconocerlo, pero fui sincera acerca de cómo de triste me estaba sintiendo».
- ✳ **Claridad:** la capacidad para ver más allá de las acciones, pudiendo distinguir las motivaciones y objetivos que hay detrás de cualquier reacción. «Pregunté directamente si quería ir sola o prefería ir acompañada a la prueba médica».
- ✳ **Creatividad:** la habilidad para ser flexibles y encontrar alternativas ante los desafíos y adversidades. «No encontré entradas para el teatro, y busqué un concierto».

Este yo, que es benévolo por naturaleza y habita en todas nosotras, es como el sol: está ahí, incluso cuando no lo vemos porque el día está nublado. Todas tenemos esas cualidades, aunque es posible que, por lo acontecido durante nuestra infancia, no hayamos podido desarrollar o poner en práctica algunas de ellas.

De hecho, estas partes protectoras quizá hoy se han vuelto extremas, pero si aprendemos a regularlas, estarán de nuestro lado para ayudarnos. Por ejemplo, tener una parte perfeccionista regulada nos vendrá muy bien para comprobar si hemos adjuntado un documento en el correo antes de enviarlo, sin tener que repasar tres veces el cuerpo del texto para asegurarnos de que no hay ninguna errata.

Curiosidad

....
....
....
....

Calma

....
....
....
....

Compasión

....
....
....
....

Confianza

....
....
....
....

Para el siguiente ejercicio, coge ocho lápices de colores y rellena cada uno de los tubos de ensayo en función de cómo de conectada te sientas, ahora mismo, con cada una de las cualidades. Después, anota algunos ejemplos de situaciones en las que creas que estas cualidades han estado presentes en tu vida recientemente. Puedes hacerlo desde el nivel de conexión actual o desde el deseo de conexión, es decir, qué cualidad crees que necesitas cultivar.

Puedes volver a este esquema siempre que lo necesites para evaluar en qué medida tu verdadero yo está presente en la ma-

Coraje

....

....

....

....

....

Conexión

....

....

....

....

....

Claridad

....

....

....

....

....

Creatividad

....

....

....

....

....

nera en la que te enfrentas a las adversidades que surgen en tu día a día. Te invito a tomar conciencia de tus reacciones cuando algo te genere malestar. ¿Cómo respondes? ¿Desde estas cualidades? ¿O aflora alguna de las partes que has anotado en el ejercicio anterior?

**Recuerda: no hay respuestas correctas
ni incorrectas, no hay partes malas en ti.**

Aquello que viviste
y todavía te pesa

Para seguir indagando en tu pasado, te propongo que eches la vista atrás a tu infancia de nuevo. ¿Qué cargas aparecieron en tu vida cuando eras una niña y todavía llevas en tu mochila emocional? ¿En qué momentos te pesan más? Tómate el tiempo que necesites para pensar en ello.

Después, rodea las cargas con las que más te identificas y escribe de dónde crees que vienen y cómo te sientes al respecto. No te preocupes si te resulta complicado: mirar directamente nuestras heridas es doloroso, pero, al hacerlo, estás un paso más cerca de darte el abrazo que necesitas.

¿CUÁLES SUELEN SER LAS CARGAS
DE TU NIÑA INTERIOR?
Según el IFS

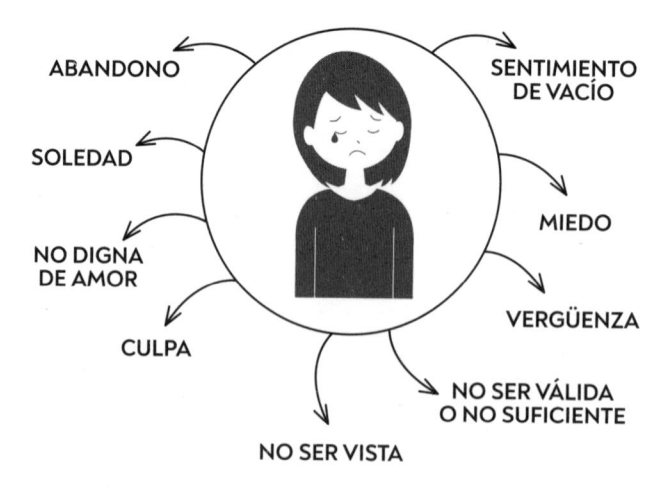

Tómate una pausa

Antes de continuar trabajando con el diario, me gustaría que cierres los ojos durante un par de minutos y respires profundamente, inhalando y exhalando por la nariz, sé consciente de cómo el aire entra y sale de tus pulmones y busca alcanzar un estado de calma. Es probable que el trabajo que has hecho en las anteriores páginas te haya removido mucho. Si es así, **está bien lo que sea que ahora sientes, trata de centrarte en todo lo que has descubierto sobre ti misma**. Este es un paso fundamental y necesario para sanar las heridas emocionales.

A continuación, te invito a que reflexiones sobre todo lo que has aprendido de tu pasado, tu infancia y tu yo actual. **¿Has descubierto algo nuevo sobre ti que te haya sorprendido?**

....
....
....
....
....
....
....
....
....
....
....

Encantada de conocerme

Descríbete en tercera persona. Esfuérzate en centrarte en aquellas partes de ti que más te gustan, escribe con una mirada cariñosa, no juiciosa y amable. Para que esto te resulte más fácil, imagina que le hablas a alguien que todavía no te conoce. **¿Qué adjetivos y términos positivos emplearías? ¿De qué aspectos de tu forma de ser te sientes más orgullosa y crees que representan mejor quién eres? ¿Sientes que tu entorno diría lo mismo o hablaría distinto de ti?**

....

....

....

....

....

....

....

....

....

....

....

....

....

....

....

Escucha a tu cuerpo

En ocasiones, a pesar de tenerlo todo o de estar en un momento vital tranquilo, sentimos que algo nos falta, es una especie de vacío interior que nos habla de la distancia entre las necesidades emocionales que debíamos cubrir y las que quedaron pendientes de satisfacer. Por ejemplo, en mi infancia mis padres trabajaban mucho y no ha sido hasta hace poco que me he dado cuenta de que me sentí sola y que nadie me ayudó a gestionar esas emociones. Ese vacío, esa desatención, brota en momentos de calma.

Para empezar a entender qué es lo que nos falta, aquello que no termina de funcionar en nuestro día a día, es útil reparar en las señales que a veces nos manda el cuerpo. Estas pueden ser: cambios en nuestro estado de ánimo, en nuestros hábitos de sueño, ejercicio o alimentación, en nuestras reacciones o en nuestro estado fisiológico. El problema es que muchas de las personas que han atravesado experiencias traumáticas viven a través de partes bomberas que se evaden, disocian y desconectan de su cuerpo.

Para este ejercicio, ponte cómoda y cierra los ojos o déjalos abiertos mirando a un punto fijo que te ayude a concentrarte, respira profundamente hasta que te sientas relajada y escanea tu cuerpo. **¿Notas tensión, dolor o malestar en alguna zona? Pregúntate durante cuánto tiempo te ha acompañado esa sensación.** Trata de enviar tu respiración hacia ahí, detente en esa sensación sin forzarte a cambiarla, solo manda tu aire durante al menos veinte segundos. Después, vuelve a analizar la sensación de tensión o malestar. **¿Es igual de intensa?**

Para la segunda parte de este ejercicio, te he dejado un gráfico con algunas de las señales visibles más habituales que experimentan las personas que han vivido situaciones adversas o traumáticas. Intenta conectar con tus sensaciones y tu cuerpo, pregúntate si algunas de ellas están presentes en tu vida adulta y rodéalas con un boli.

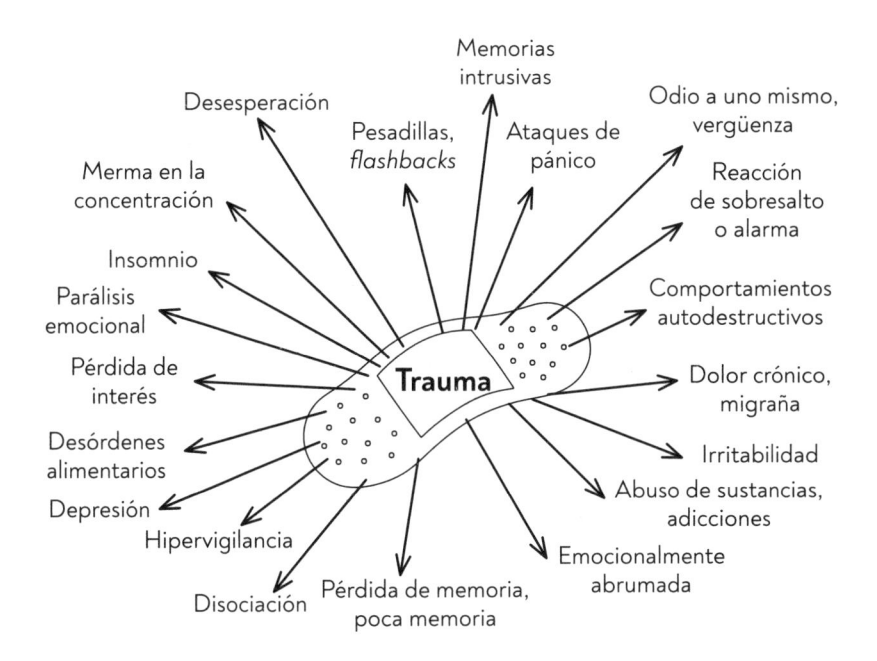

Después, reflexiona. **¿Eras consciente de estas señales en tu cuerpo y la relación que guardan con tus experiencias pasadas?** ¿Te has fijado si la presencia de alguna señal física está relacionada con alguna situación concreta? Ejemplo: «Cuando me cuesta dormir, suele ser porque estoy enfadada y repito lo que ha pasado en mi cabeza».

Es probable que pensar en el origen te abrume. Si es así, siéntete libre de dejar esta práctica para otro momento en el que te sientas preparada.

Dibuja tu muñeca rusa

Además de las señales visibles y perceptibles, en terapia también trabajamos con lo que no se ve a simple vista, como las heridas de la infancia, los asuntos y emociones no resueltas, las creencias sobre nosotras que no están actualizadas, etc. Para mí, es tan importante entender las señales como lo que hay debajo.

Imagina que eres una muñeca rusa, una de esas preciosas artesanías en madera compuestas por figuras de diferentes tamaños. Todas ellas esconden algo en su interior, algo que no se ve. **En terapia, esta muñeca nos ayuda a localizar el origen del malestar que tenemos ahora y que no sabemos de dónde nace.**

Hay necesidades que, en mayor o menor medida, suelen quedar satisfechas en la infancia, como son tener un hogar, la alimentación, las horas de descanso, la educación, la ropa, el ocio..., casualmente aquellas que se ven. Pero hay otras necesidades (afectivas, relacionales y emocionales) que no se ven a simple vista y que, si no se cubrieron en el momento oportuno, pueden provocar ese malestar y sensación de vacío del que hablábamos.

La primera muñeca representa una reacción en tu momento vital actual. Si indagamos, en cada una de las muñecas que hay dentro encontraremos que esta respuesta nace de una reacción generada en otra etapa vital, y así, sucesivamente, hasta llegar al instante en que se originó esa respuesta. Cuando trabajamos las heridas de la infancia, este instante corresponde con el momento en el que, como niñas, una de nuestras necesidades no se cubrió como debía.

Tengo ansiedad en el trabajo y no sé por qué. Siento la necesidad imperiosa de hacerlo todo bien. Esto me genera malestar y nervios, y hace que ponga el trabajo por encima de todo, pese a que, objetivamente, no tengo motivos para pensar que no estoy haciendo lo que se espera de mí.

Durante la carrera sentía todo el tiempo la necesidad de ser la mejor y me esforcé mucho por obtener matrículas de honor, e, incluso, rechacé planes y fiestas por ello. No aproveché como me habría gustado esos años.

Cuando era adolescente, era la chica «perfecta». Me portaba genial y sacaba siempre buenas notas, porque consideraba que eso era lo que se esperaba de mí. Nadie en casa lo verbalizó nunca, pero yo era «la mejor estudiante del curso» y sentía que no había otra opción, así tenía que ser yo.

De pequeña, mis padres estaban muy ausentes por el trabajo y se alegraban muchísimo cuando llevaba buenas notas (ahí entendí que ese era el motivo por el que me querían). Eso alimentó en mí la necesidad de contentar a mis padres, y entendí que una manera de hacerlo era a través de la excelencia académica.

Ahora sé que lo que habría necesitado es que mis padres me dijeran: «Enhorabuena por tus buenas notas. Te has esforzado y has obtenido un buen resultado, pero nuestro amor por ti no cambiará si tus notas lo hacen».

Para llegar hasta la muñeca más pequeña y sacar a la luz qué necesidades emocionales de tu infancia quedaron descubiertas, intenta responder a las siguientes preguntas desde el corazón.

¿Te habría gustado que tu vínculo con tu padre o tu madre fuera diferente? ¿De qué manera?

....
....
....
....
....
....

¿Verbalizaban tus padres en casa cómo se sentían cuando experimentaban emociones negativas? En caso de que la respuesta sea «no», ¿eras consciente de ellas? ¿De qué manera?

....
....
....
....
....
....
....

¿En tu casa eran afectuosos contigo física o verbalmente? ¿Te daban abrazos o te hablaban de forma cariñosa? O, por el contrario, ¿eso solo ocurría en momentos concretos?

....

....

....

....

....

....

¿Sentías que, cuando estabas triste, enfadada, nerviosa o asustada, tus emociones eran validadas y acompañadas o escuchaste frases como: «Las niñas buenas no lloran / no se enfadan / no tienen miedo?». ¿Qué otras frases invalidantes escuchaste en casa?

....

....

....

....

....

¿Qué aspectos o cualidades de tu yo adulta crees que desarrollaste en tu infancia para complacer a tu familia?

....

....

....

....

¿Sentías que tu familia te acompañaba a la hora de explorar el mundo y que los errores eran vistos como una oportunidad de aprendizaje? O, por el contrario, ¿recibías castigos o críticas cuando te equivocabas?

....

....

....

....

....

....

Para finalizar este ejercicio de autoexploración, piensa en una respuesta o aspecto de tu vida adulta que te genere malestar, e intenta, a través de lo que has respondido a las anteriores preguntas, indagar en cómo ese aspecto ha tomado forma en diferentes aspectos de tu vida para llegar al núcleo.

El momento en el que una de tus necesidades no fue cubierta como merecías.

Es probable que, a medida que avances en el camino y descubras nuevas cosas sobre tu infancia, necesites hacer este ejercicio más de una vez. Si es así, dibuja estas muñecas en una hoja y repite el proceso tantas veces como lo necesites.

Si lo necesitas, da rienda a tu creatividad y regálate
un momento de calma coloreando las ilustraciones.

Esta es la que niña que fui

Ahora que estás empezando a reconectar con tu niña interior y las experiencias que vivió, me gustaría que me hablaras de ella. Para ayudarte a presentármela, te dejo algunas preguntas que te facilitarán establecer un punto de partida, pero siéntete libre de contarme lo que tú quieras. **Recuerda: este es un espacio seguro.**

* ¿Cuál era su película favorita?
* ¿Y cuál su libro que no podía dejar de leer?
* ¿Y su comida predilecta?
* ¿Qué le hacía sentir en paz o segura?
* ¿Qué actividades le divertían?
* ¿Qué cosas no le gustaban?
* ¿Quiénes eran sus amigos?
* ¿Qué quería ser de mayor?
* ¿Cómo se llamaba su peluche o juguete favorito?
* ¿Cuál era su momento preferido del día?

Una vez hayas terminado, pregúntate: ¿qué cosas que has escrito habías olvidado? ¿Hay algún sueño o inquietud que siga presente en tu yo adulta? ¿De qué manera? Espero que este ejercicio te ayude a reconectar con esa parte de ti más vulnerable y entender que sigue viva dentro de ti.

Identifica tus respuestas protectoras

Lee las siguientes afirmaciones y selecciona una de las opciones de cada apartado en función de la frecuencia con la que experimentas esas sensaciones o te sientes identificada con ellas. Intenta no abrumarte si respondes «siempre» o «a menudo» a varias. Todas cargamos con heridas emocionales de uno u otro tipo y, a lo largo de la infancia, hemos desarrollado una serie de respuestas que no son otra cosa que las acciones que desarrollaron nuestras partes protectoras (esos recursos que surgieron en el pasado cuando no teníamos herramientas propias ni nos facilitaron unas en el acompañamiento). Estas afirmaciones, insipiradas en varios ejercicios del libro *The Inner Child Workbook,* de la terapeuta estadounidense Cathryn L. Taylor, reflejan algunas de las heridas de infancia más habituales en consulta.

SEGURIDAD

1. **Siento que no tengo derecho a pedir a los demás que respeten mis necesidades.**
☐ Siempre   ☐ A menudo   ☐ Algunas veces   ☐ Rara vez   ☐ Nunca

2. **A menudo percibo el mundo como un lugar peligroso y poco amable.**
☐ Siempre   ☐ A menudo   ☐ Algunas veces   ☐ Rara vez   ☐ Nunca

CUIDADOS

3. **Me cuesta escuchar y actuar desde mis propios deseos y necesidades.**
☐ Siempre   ☐ A menudo   ☐ Algunas veces   ☐ Rara vez   ☐ Nunca

4. Me resulta difícil estar atenta a lo que necesitan los demás.
☐ Siempre ☐ A menudo ☐ Algunas veces ☐ Rara vez ☐ Nunca

CONFIANZA
5. Me cuesta confiar en los otros, y prefiero encargarme yo misma de mis necesidades.
☐ Siempre ☐ A menudo ☐ Algunas veces ☐ Rara vez ☐ Nunca

6. Me da vergüenza que sepan que no sé cuidarme ni darme lo que necesito.
☐ Siempre ☐ A menudo ☐ Algunas veces ☐ Rara vez ☐ Nunca

DECIR QUE NO
7. Me da miedo decir «no» a los demás, por miedo a las consecuencias.
☐ Siempre ☐ A menudo ☐ Algunas veces ☐ Rara vez ☐ Nunca

8. Me siento culpable cuando tengo que negarme a algo, y compruebo si todo sigue igual después.
☐ Siempre ☐ A menudo ☐ Algunas veces ☐ Rara vez ☐ Nunca

GESTIONAR EL RECHAZO
9. No suelo pedir favores por miedo a que me digan que no.
☐ Siempre ☐ A menudo ☐ Algunas veces ☐ Rara vez ☐ Nunca

10. Si pido ayuda y por lo que sea no me la dan, siento vergüenza de haberla pedido.
☐ Siempre ☐ A menudo ☐ Algunas veces ☐ Rara vez ☐ Nunca

CREENCIAS Y VALORES
11. Cuando mi pareja o alguien de mi entorno está enfadado, asumo que es por mi culpa, que he hecho algo mal.
☐ Siempre ☐ A menudo ☐ Algunas veces ☐ Rara vez ☐ Nunca

12. Si mi responsable en el trabajo me pide quedarme más tiempo, suelo decir que sí y cancelo los planes que tenía.
☐ Siempre ☐ A menudo ☐ Algunas veces ☐ Rara vez ☐ Nunca

RESPETAR LOS LÍMITES DE OTROS

13. Si pido un favor a alguien y me dice que no puede, no lo entiendo y me molesta.

☐ Siempre ☐ A menudo ☐ Algunas veces ☐ Rara vez ☐ Nunca

14. Cuando propongo un plan y no sale adelante, insisto y trato de convencer a la gente.

☐ Siempre ☐ A menudo ☐ Algunas veces ☐ Rara vez ☐ Nunca

CRÍTICA

15. Suelo fijarme en los aspectos de mí que no me gustan.

☐ Siempre ☐ A menudo ☐ Algunas veces ☐ Rara vez ☐ Nunca

16. Si me he equivocado en cualquier cosa, no dejo de darle vueltas al asunto.

☐ Siempre ☐ A menudo ☐ Algunas veces ☐ Rara vez ☐ Nunca

SENTIMIENTO DE VALÍA

17. Si algo sale mal en el trabajo o hay un error, tiendo a echarme la culpa y a decir que ha sido cosa mía.

☐ Siempre ☐ A menudo ☐ Algunas veces ☐ Rara vez ☐ Nunca

18. Cuando se decide algo en grupo prefiero no ser yo quien tenga la última palabra.

☐ Siempre ☐ A menudo ☐ Algunas veces ☐ Rara vez ☐ Nunca

RESPONSABILIDAD

19. Me cuesta relajarme y delegar, por miedo a que algo salga mal y me afecte.

☐ Siempre ☐ A menudo ☐ Algunas veces ☐ Rara vez ☐ Nunca

20. Siento que a veces pienso: «Si no lo hago yo, nadie lo hará».

☐ Siempre ☐ A menudo ☐ Algunas veces ☐ Rara vez ☐ Nunca

DESEO DE EXPLORACIÓN

21. Me da vergüenza preguntar cuando hay algo que no entiendo, por miedo a que los demás piensen que soy tonta o que no estoy capacitada.

☐ Siempre ☐ A menudo ☐ Algunas veces ☐ Rara vez ☐ Nunca

22. Necesito entender rápidamente cómo hacer algo; si no me sale a la primera, pierdo el interés.

☐ Siempre   ☐ A menudo   ☐ Algunas veces   ☐ Rara vez   ☐ Nunca

NECESIDAD DE VALIDACIÓN

23. Necesito que los demás me digan su opinión antes de tomar decisiones importantes.

☐ Siempre   ☐ A menudo   ☐ Algunas veces   ☐ Rara vez   ☐ Nunca

24. Creo que para una decisión, siempre es más correcto lo que dice mi entorno que lo que pueda pensar yo.

☐ Siempre   ☐ A menudo   ☐ Algunas veces   ☐ Rara vez   ☐ Nunca

RESULTADOS

Si hay una mayoría de «siempre» o «a menudo» en alguna de las categorías, pregúntate: ¿cómo crees que han surgido esas respuestas protectoras? ¿Qué crees que dicen acerca de tu infancia? ¿Cómo te sientes al respecto? Siéntete libre de compartir tus sentimientos tal y como te vienen ahora. Estoy a tu lado.

Si en la «necesidad de seguridad» la mayoría de las respuestas son «siempre»; esto podría estar relacionado con los mensajes implícitos o explícitos que te trasladaron en casa sobre cómo debías ser tú o cómo era el mundo, y esas partes de ti convirtieron esas creencias en verdades absolutas y mandatos que cumplir.

Si en la «confianza» la mayoría de las respuestas son «siempre», esto podría tener que ver con la ausencia de disponibilidad y atención cuando necesitabas que alguien más sabio y mayor te diese una respuesta, una parte de ti aprendió que era mejor no pedir porque no había nadie para recoger esa demanda.

Si en el apartado «decir que no» la mayoría de las respuestas son «siempre» esto podría conectarse con la falta de escucha y con que no se tuvieran en cuenta tus límites o te castigasen por mencionarlos cuando los expresabas.

Si en «respetar los límites de otros» la mayoría de las respuestas son «siempre» podría hablarnos de cómo de pequeñas traspasaban los nuestros, y aprendiste que la manipulación y el chantaje eran formas válidas de relación en tu familia.

Si en el punto de «sentimiento de valía y responsabilidad» la mayoría de las respuestas son «siempre» puede estar relacionado con las tareas que tuviste que desarrollar sin tener la capacidad para ello y, quizá, por eso te criticaron.

....

....

....

....

....

....

....

....

....

....

....

....

....

....

....

....

....

Qué piensa tu niña interior

Echa la vista atrás y piensa en un momento de tu infancia en el que sintieras malestar o que no recibiste lo que necesitabas. Si tuvieras que describir ese momento, ¿qué sensaciones te asaltan?, ¿qué palabras te vienen a la mente?

Por ejemplo:

- Abandono
- Rabia
- Miedo
- Culpa
- Inferioridad
- Decepción

....

....

¿Qué tipo de frases invalidantes se oían en tu casa (ya fueran dirigidas a ti o a otros miembros de tu familia)?

Por ejemplo:

- Es que nunca me escuchas.
- ¿Por qué lloras? No es para tanto.
- Deja de portarte como un bebé.
- Me tienes harto/a.

....

....

Por último, conecta con tu niña interior y anota lo que escuches. ¿Qué mensajes aparecen sobre esa niña? ¿Crees que tienen algo que ver con lo que has recordado?

....

....

....

....

Tómate una pausa

Antes de continuar trabajando con el diario, me gustaría que te tomases un rato para explorar y jugar con tu niña interior. Una manera de hacerlo puede ser releyendo su libro favorito o haciendo una de esas cosas que tanto le gusta hacer. ¿Qué has hecho? ¿Cómo te has sentido? Comparte en este espacio seguro todas las emociones que surjan en ti y permítete vivirlas.

....

....

....

....

....

....

....

....

Un viaje agradable en el tiempo

En este ejercicio, me gustaría que mantengas la vista en tu pasado. Juntas vamos a viajar en el tiempo; en concreto, a un momento agradable que la niña que fuiste compartió con una o varias de esas personas que fueron responsables de tus cuidados durante tu infancia y que son importantes para ti (progenitores, abuelos, hermanos, tutores, cuidadores u otros familiares o amistades).

Descríbelo en las siguientes líneas. ¿Qué emociones o sensaciones te invaden o se reflejan en tu cuerpo al recordar esa escena? ¿Qué cualidades, palabras o gestos de la persona que te acompaña en ese recuerdo te gustaría que permaneciera en el presente, en caso de no estarlo? ¿Cómo es tu relación con esa persona ahora? ¿Te gustaría que fuera diferente? Comparte tu sentir en estas líneas:

....
....
....
....
....
....
....
....
....
....

Romper el círculo

Ahora que ya sabes qué son las partes internas y comienzas a reconocer cómo reaccionan, cuáles son esas respuestas o qué patrones adquiridos tienes (que, recordemos, buscan protegerte ante lo que tu mente considera una amenaza para tu integridad), vamos a trabajar para romper el círculo de estas respuestas con el siguiente ejercicio.

Los patrones reproducen aquello que hemos vivido en nuestra infancia de manera inconsciente, y pueden estar presentes no solo en la relación con una misma, sino también en nuestros vínculos con los demás.

Para poder sanar a nuestra niña interior y evitar proyectar las heridas en nuestros seres queridos y en nuestras relaciones, lo primero es entender, nombrar y validar lo que viviste. Una vez eres consciente de esos patrones, es hora de decirle a tu niña interior: «Tranquila, está bien, yo me encargo, ahora yo me ocuparé de ti».

Para hacer esto, para y piensa. **¿Qué patrones de pensamiento o comportamiento de los que has identificado en las páginas anteriores te gustaría dejar atrás como adulta?** Escribe en las siguientes líneas tu compromiso con tu niña interior.

Por ejemplo:

- Al levantarme por la mañana, me gustaría...
- Cuando estoy agobiada, me gustaría...

Practica la toma de conciencia

Aunque me gustaría decirte lo contrario, tus patrones y respuestas protectoras no van a desvanecerse de la noche a la mañana, y es probable que no desaparezcan por completo, pero sí puedes cambiar la intensidad con la que aparecen ahora. Sanar tus heridas y restaurar el equilibrio entre tus partes internas, para que sea tu yo auténtico (el *self*) quien lidere y se ocupe de la gestión de tus emociones lleva un tiempo. Y este proceso es diferente para cada persona.

Respeta tu ritmo y tus necesidades.

Hay gente para la que el camino se verá así:

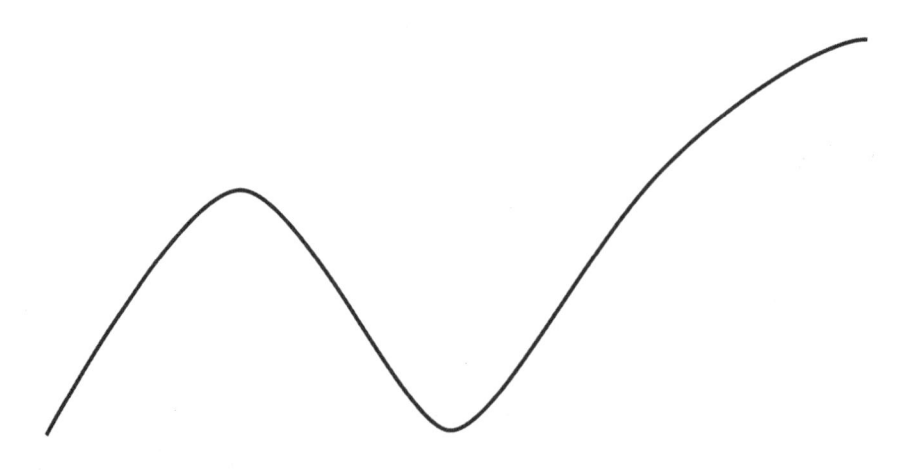

Y otras personas seguirán un camino más parecido a este, donde cada recodo representa un lugar o momento en el que podemos quedarnos atascadas.

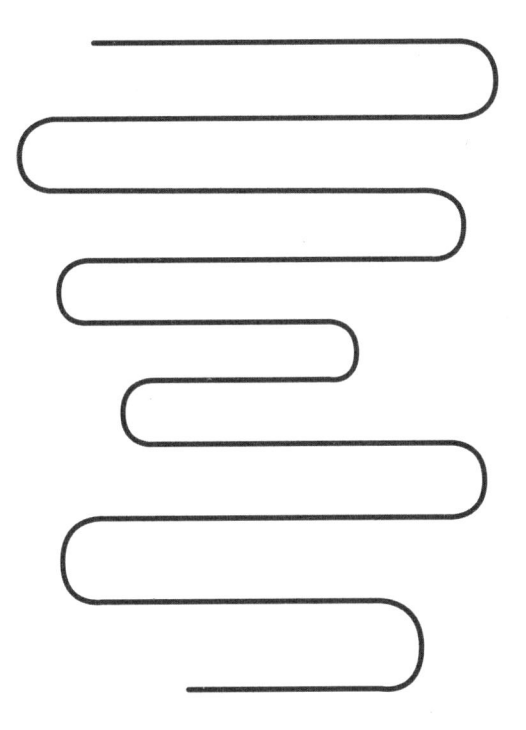

Lo importante es que entiendas que, aunque el camino no sea corto; a la larga, este ritmo adaptado a las necesidades de cada persona genera menos frustración. Y estamos aquí, juntas, para aliviarte de todo ese malestar con el que has cargado tanto tiempo.

Después del trabajo hecho en las páginas anteriores, lo más probable es que seas consciente de tus respuestas protectoras, de dónde nacen y del impacto que tienen en tu bienestar emocional. Pero detectarlas en tu día a día y romper el círculo requiere de un ejercicio de escucha activa y atención.

Por eso, te invito a que, en adelante, hagas el esfuerzo de prestar atención a esos momentos en los que una de tus partes internas quiera enfrentarse a una situación que se repite y te genera malestar (por ejemplo, imagina que tu madre, que siempre es muy crítica contigo, te dice que la ropa que llevas no le gusta nada justo cuando estás a punto de salir por la puerta).

Antes de responder, **respira y fíjate de qué forma se manifiestan tus partes protectoras** cuando sientes que no manejas la situación (quizá tu impulso sea venirte abajo, pese a que a ti te encanta lo que llevas puesto, porque siempre has buscado la aprobación de tu madre, y empiezas a dudar y terminas complaciendo o atacando y luego te sientes culpable por luchar con la misma arma). A veces, serás capaz de responder desde el respeto y la compasión hacia ti misma, dándote lo que necesitas (siguiendo con el ejemplo, quizá eso pasa por decir: «Respeto que no te guste, pero a mí me encanta»); otras, seguramente te dejarás llevar por la mirada y la voz de la persona que tienes delante.

No te fustigues por ello. Lo importante es ser consciente de ello y que ya estás aprendiendo a escucharte cada vez más.

En los próximos días, te invito a enfocarte en prestar atención a tus respuestas protectoras. Después, vuelve a estas páginas e intenta contestar a las siguientes preguntas.

Regresa a este recurso siempre que experimentes una situación de indefensión y celebra todos los momentos en los que seas capaz de responder confiando en ti misma y dándote lo que tu corazón necesita. Cada vez estás más cerca de tu niña interior.

	Situación 1	Situación 2	Situación 3
Describe brevemente una situación en la que sentiste que tenías que protegerte			
¿Qué respuesta tuviste?			
¿Cómo te hubiera gustado responder realmente? ¿Desde el respeto y la compasión hacia ti misma y no desde el malestar?			
En caso de que fueses capaz de responder honrando tu propia voz, ¿qué crees que hiciste diferente esa vez? ¿Qué te ayudó a hacerlo?			

La hora del juego

¿Alguna vez te has dicho: «Ay, ojalá volver a ser una niña de nuevo»? Una manera de escuchar y conectar mejor con tu niña interior es, sencillamente, permitirte ser otra vez una niña y actuar desde el disfrute y el placer, sin miedo a hacer el ridículo, a fallar, a no ser productivas o a no hacer las cosas como se espera de nosotras.

Esta es una manera muy sencilla y divertida de trabajar nuestra autocompasión, aceptación y resiliencia, y nos permite reconectar o descubrir aspectos de nosotras mismas que estaban escondidos.

A continuación, escribe todas aquellas actividades o hobbies que te encantaba hacer cuando eras una niña y no te han acompañado hasta la vida adulta.

Por ejemplo, una de las cosas que más me gustaban de pequeña era pintar, pero, cuando era adolescente, sentía que no se me daba lo bastante bien como para dedicarle varias horas a la semana a esa actividad, pese a que era algo que me apasionaba (aquí emergió la autoexigencia).

Ahora, como adulta que ha trabajado sus heridas emocionales y que es consciente de lo importante de conectar con mi niña interior, he retomado la pintura como lo hacía cuando era pequeña: desde el disfrute, sabiendo que esa hora semanal es un espacio para mí y que, si me salgo de la raya al pintar, no pasa nada.

....

....

....

....

....

....

....

....

....

....

Te invito a que busques una o dos horas en tu agenda semanal (como mínimo, pero cuanto más tiempo dediques a esta exploración, ¡mejor!) y las bloquees para incorporar estas actividades en tu semana. Después, vuelve aquí. ¿Cómo te hace sentir?

....

....

....

....

....

....

....

....

....

....

....

....

Lo que no ocurrió

Elaborar, integrar o reparar todas las experiencias que nos han marcado, supone darnos cuenta de que hay algo que nos ha sobrepasado, porque no tenemos recursos para gestionarlo o porque no los tuvimos en el pasado, y eso nos recuerda a algo que ocurrió, o que no ocurrió.

Para que entiendas a qué me refiero cuando hablo de lo que no ocurrió, te dejo algunas preguntas. Intentar responderlas probablemente haga aflorar en ti sensaciones desagradables. **Recuerda: si lo necesitas, puedes acudir al botiquín de emergencia que has preparado con tanto cuidado para ti.**

> 🌼 ¿Se pedía perdón en tu casa después de un conflicto o se hacía una broma al día siguiente para rebajar la tensión?
>
> 🌼 ¿Te recibían cuando llegabas a casa con reproches, con indiferencia o te daban la bienvenida?
>
> 🌼 ¿Te pedían que no expresases algunas emociones que sentías en ese momento?
>
> 🌼 ¿Sabían calmarte cuando estabas sobrepasada o te reñían por no poder calmarte sola?
>
> 🌼 ¿Se respetaba tu individualidad o actuar diferente era un motivo de distancia emocional?
>
> 🌼 ¿Los límites se aceptaban o podían suponer una ruptura de la conexión?

Estas experiencias reflejan las situaciones de seguridad que tenían que ocurrir y no ocurrieron; nos hablan de necesidades relacionales y emocionales que tienen que ver con:

- ❋ Sentirnos seguras en una relación.
- ❋ Sentir validación, afirmación e importancia dentro de una relación.
- ❋ Sentir la aceptación de otra persona estable, fiable y protectora.
- ❋ Sentir que confirman tu experiencia personal.
- ❋ Sentir que generas impacto en la otra persona.
- ❋ Sentir la necesidad de que el otro tome la iniciativa.
- ❋ Sentir que reconocen tu autodefinición.

A cada persona nos afectan las cosas de una manera distinta, y, por desgracia, no existe un muestrario que recoja todos los traumas que podemos experimentar, sus características y consecuencias. Sin embargo, si en estas páginas has detectado experiencias vitales pasadas que te superaron y cómo, ahora, que eres adulta siguen teniendo repercusión emocional en ti y te generan un obstáculo en tu forma de relacionarte contigo y los demás, quiero que sepas que, aunque duela, estás un poquito más cerca de sanar.

Celébrate por lo que has conseguido.

Carta de tu niña interior a tu yo adulta

En estas páginas, me gustaría que intentes conectar una vez más con tu niña interior, con todas las emociones que experimentó y que es posible que todavía afloren al recordar lo que vivió.

Tal vez tu relación con tus padres no es la peor, pero tampoco la mejor; quizá, hayas necesitado poner distancia para cuidarte. Puede que tu relación con uno de ellos haya sido un sostén para ti, mientras que con el otro hayas sentido abandono. **Cualquier experiencia es válida.**

A continuación, te propongo escribir con la mano no dominante una pequeña carta en la que la niña que fuiste te diga a ti, a la adulta que eres, lo que quiera compartirte de su historia, de las situaciones que vive en casa o que te exprese qué necesita que tú hagas por ella en ese momento. Como si llegaras del futuro para rescatarla de las situaciones que estaba viviendo y para las que aún no tenía las herramientas con que afrontarlas.

Cuando escribes con la mano no dominante, seguramente tu letra se parezca a la de una niña pequeña, algo que me resulta muy útil en terapia para integrar esta visión en la de las adultas que somos.

Una vez hayas acabado, permanece unos minutos en silencio y vuélvela a leer. Permítete exteriorizar las emociones que te vengan. Yo estaré aquí esperándote cuando te veas preparada para continuar.

....

....

....

....

....

....

....

....

....

....

....

....

....

....

....

....

....

Tómate un respiro

Enhorabuena por el camino que has recorrido hasta ahora. Sé que no te habrá resultado fácil echar la vista atrás, pero eres una persona con coraje y mereces celebrarte por tomar las riendas de tu bienestar.

Antes de continuar trabajando con el diario, me gustaría que, si puedes, salgas a pasear por una zona de naturaleza (un parque de tu ciudad, la ribera del río de tu pueblo o, si vives cerca del mar, una caminata por el paseo marítimo o incluso por la orilla si te apetece); un lugar que te haga conectar contigo misma y la paz que puedes ofrecerte. Intenta ser consciente de tu flujo de pensamientos y tu discurso interior en este momento para ti.

No te pido que pongas la mente en blanco (yo nunca he podido no pensar en nada), pero sí puedes no juzgar tus pensamientos, intenta prestar atención a lo que te dices y cómo te lo dices; y, en caso de que te llegue un pensamiento negativo o invalidante, no te detengas en él, como si tu mente fuese el cielo y los pensamientos las nubes que se mueven. Más adelante trabajaremos cómo darle la vuelta a ese discurso aprendido.

Anota en la página siguiente todas aquellas cosas que hayas visto durante el paseo que te hayan asombrado o te hayan generado una sensación de bienestar, incluso las que te hayan parecido más pequeñas.

....

....

....

....

....

....

....

....

....

....

....

....

Hoy me pido perdón por...

Para reconciliarnos con nuestra niña interior, un paso importante en el camino es **aceptar y perdonarnos por cómo actuamos (o no actuamos) en el pasado**. Pero, aunque seamos conscientes de esto, a veces nos cuesta horrores pedirnos perdón, incluso más que pedírselo a los demás.

Todos aprendemos de nuestros errores, y gracias a revisar nuestra historia y a intentar entender por qué nuestra niña interior actuó como lo hizo, entenderemos que siempre hay una razón que nos llevó a actuar de la manera que lo hicimos y estamos más cerca de hacer las paces con nosotras mismas.

Describe algo por lo que todavía no has sido capaz de perdonarte. ¿Qué ocurrió? ¿Has experimentado compasión de otras personas en tus errores?

¿Cómo te sientes al hablar sobre esta experiencia? ¿Qué tendría que pasar para sentir comprensión?

Imagina que estás consolando a una amiga que cometió el mismo error y que, como tú, es incapaz de perdonarse. ¿Qué le dirías? ¿Le hablarías como te hablas a ti misma?

Date un abrazo con palabras compasivas. Por ejemplo: «Merezco perdonarme porque lo hice lo mejor que pude, aunque solo tenía X años».

Cierra los ojos e imagina que te desprendes de la carga de ese error, y que lo liberas en alguno de los cuatro elementos de la naturaleza (aire, agua, fuego, tierra). Después, describe qué emociones has experimentado al visualizarlo.

Dibuja tus emociones

El círculo de seguridad, creado por los psicoterapeutas Glen Cooper, Kent Hoffman y Bert Powell, es un programa que trata de ayudar a crear relaciones sanas entre padres e hijos y a generar un vínculo de apego seguro; de manera que el niño se sienta protegido por su referente afectivo ante situaciones desagradables, difíciles o incómodas, que pueden tener un impacto negativo tanto en la infancia como en la vida adulta. Con él se busca que el niño sepa que puede explorar el mundo desde la tranquilidad, ya que, siempre que lo necesite, cuando algo lo abrume o se sienta inseguro, **habrá alguien que pueda reconfortarlo, con quien podrá contar si las cosas se ponen feas.**

Durante nuestros primeros años de vida, necesitamos conectar emocionalmente con nuestras figuras de referencia para explorar, entender, aceptar y organizar el mundo que nos rodea, y esto lo hacemos desde la base segura que proporciona el adulto y que, a la vez, es un refugio que nos ofrece cariño, atención, consuelo o reconocimiento cuando volvemos de hacer nuestra exploración del mundo.

Como niños, todavía no tenemos las herramientas para gestionar nuestras emociones y por ello necesitamos de la corregulación, es decir, que nuestro adulto de referencia valide nuestro sentir es indispensable para que el día de mañana, nosotras mismas, como adultas, podamos autorregularnos. Por desgracia, no siempre nos sentimos igual de acompañadas mientras descubrimos nuestras emociones.

CÍRCULO DE SEGURIDAD
Madre/padre atento/a a las necesidades del niño/a

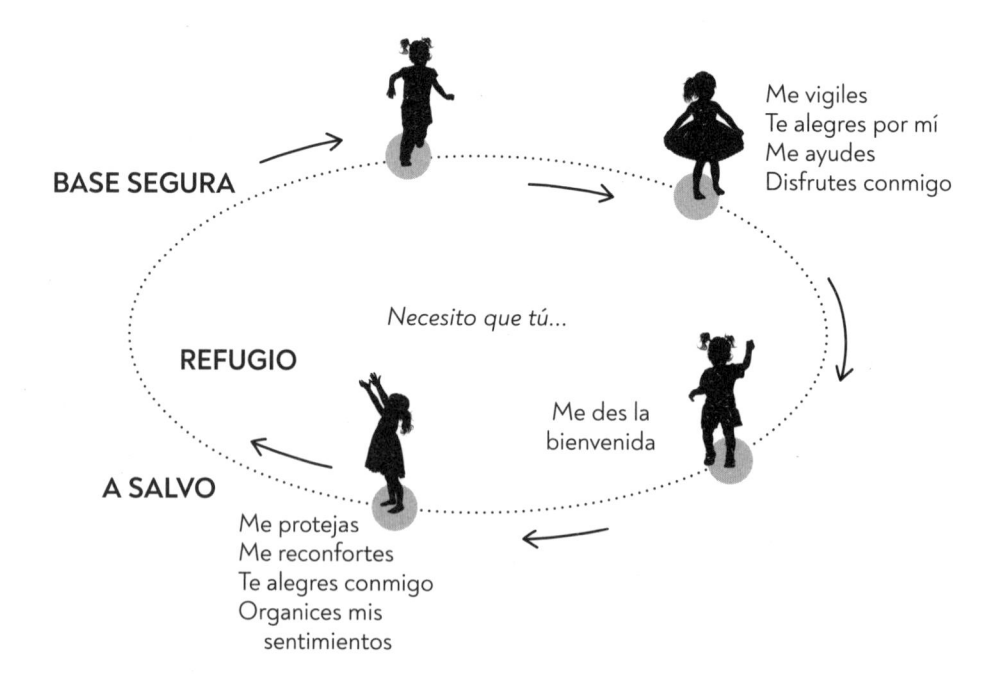

BASE SEGURA

Me vigiles
Te alegres por mí
Me ayudes
Disfrutes conmigo

Necesito que tú...

REFUGIO

Me des la
bienvenida

A SALVO

Me protejas
Me reconfortes
Te alegres conmigo
Organices mis
sentimientos

Cuando volvemos de explorar el mundo, necesitamos una bienvenida, y eso puede tomar distintas formas. Si nos hemos caído en el parque, necesitamos que se atienda la herida y sentir protección; cuando llegamos a casa después del colegio y algo no ha salido bien, necesitamos que nos reconforten; cuando en la adolescencia estamos confundidas, necesitamos que nos ayuden a organizar nuestros sentimientos; y, quizá muchas veces, en esa bienvenida, hemos sentido que nuestra presencia no era bien recibida, o no obteníamos la respuesta esperada y nos sentíamos solas.

En el siguiente ejercicio, selecciona un color diferente para cada una de las emociones primarias: miedo, sorpresa, felicidad, ira, asco, tristeza. Estas emociones, que son universales e innatas en todas, son las primeras que experimentamos como seres humanos, cuando todavía no sabemos qué significan o cómo expresarlas. A continuación, te propongo que dibujes dentro del círculo grande (que representa el círculo de seguridad), junto al trazo del círculo o fuera de él, los círculos de colores que representan cada una de esas emociones en función de cuán validadas fueron por los adultos de referencia que te acompañaron durante tu infancia y de cómo esto ha tenido un impacto en tu compresión actual de estas emociones tan importantes.

Después, mira atrás e intenta responder a las siguientes preguntas:

¿Con qué tipo de comentarios o respuestas recibían tu miedo, ira, asco, tristeza, alegría y sorpresa? Por ejemplo, ¿qué te decían cuando llorabas o te enfurruñabas?

....
....
....
....
....
....

¿Y cuando estabas muy contenta o tenías mucha curiosidad?

....
....
....
....
....
....
....

Ahora, piensa en cómo te hablas a ti misma hoy cuando sientes estas emociones. ¿Cómo te acompañas?

Miedo: ....
....
....
....
....

Sorpresa: ....
....
....
....

Alegría: ....
....
....
....

Ira: ....
....
....
....

Asco: ....
....
....
....

Tristeza: ....
....
....
....

Es probable que veas cierta similitud entre las respuestas que recibiste de niña y los mensajes con los que acompañas tus emociones hoy. Si es así, déjame decirte que lo siento mucho, pero vas por el buen camino. Que estés aquí dice mucho de ti. El trabajo de reconectar con tu niña interior y tomar conciencia de lo que recibió y de lo que no, te ayudará a validar tus experiencias y emociones, y a darte lo que necesitas para sentirte en paz contigo misma.

¿Cuál es mi estilo de apego?

Seguramente hayas oído hablar de la palabra «apego». En redes sociales y, también, en los medios de comunicación se subraya la importancia de conocer nuestro estilo de apego para mantener relaciones saludables. La mayoría de las heridas de las personas a las que acompaño en consulta tienen que ver con la falta de seguridad en nuestro sistema de apego durante la infancia.

Es decir, en la manera en la que entendemos cuál es el grado de seguridad en las relaciones que tenemos con quienes nos rodean y las dinámicas que las caracterizan.

Nuestro sistema o estilo de apego hace referencia a todas las conductas, tendencias y patrones mediante los cuales generamos vínculos y nos relacionamos con los demás, y este estilo se ve influenciado por las relaciones que tuvimos en la infancia con nuestras figuras de referencia, encargadas de nuestro cuidado. La clasificación habitual del apego se basa en las aportaciones de Bowlby, Ainsworth y Solomon, y recoge cuatro categorías. En la página siguiente encontrarás una tabla con sus características principales, espero que te ayuden a conocer mejor esta división teórica.

	Resumen clave	Características generales	Ejemplo
APEGO SEGURO	Tienes confianza en ti y en los demás.	Eres capaz de establecer relaciones e identificar dinámicas disfuncionales. Manejas las situaciones desagradables con relativa calma. Muestras tu vulnerabilidad y autenticidad al expresar tus emociones.	*Cuando tu pareja tiene un plan para el viernes y tú no, lo tomas como un momento para ti.*
APEGO ANSIOSO	Necesitas la aprobación del resto.	Tienes dificultades en hacer algo por ti misma. Te da miedo que puedan abandonarte. Estás intranquila cuando no hay cercanía constante.	*Cuando una amiga no te responde al instante un mensaje, crees que algo le pasa contigo.*
APEGO EVITATIVO	Te cuesta mostrarte vulnerable.	Evitas la intimidad de las relaciones, prefieres escuchar. Te pueden considerar como una persona distante y fría.	*Si quieren tener una conversación profunda contigo, cambias de tema y bromeas para evitar hablar de tus sentimientos.*
APEGO DESOR-GANIZADO	Tienes el mismo miedo a la cercanía que a la distancia, puedes querer estar cerca y a la vez alejarte sin entender el porqué.	No tienes una referencia clara sobre cómo funcionan las relaciones y la confianza.	*Puedes tener cambios abruptos en la relación cuando percibes que alguien está distante; te vuelves fría, pero a la vez te aferras a la relación por miedo a perderla.*

Sé que cuando hablo de apego genera mucha intriga saber qué estilo de apego tenemos para cambiarlo. Como psicoterapeuta, no obstante, para mí es mucho más interesante e importante que lo concibas como **una herramienta que te ayude a relacionar tus conductas en la vida adulta con la falta de seguridad en la infancia, sin la necesidad de clasificarte en un lugar y otro.**

También es importante que sepas que es probable que tengas un estilo de base y que, en función de la persona con la que te relaciones, predomine una serie de conductas propias de otro estilo.

Personalmente, me gusta imaginar el apego como una especie de gráfico con porcentajes, para no caer en la idea de que hay estilos de apego buenos y malos.

La siguiente prueba está concebida como una herramienta de autoexploración con la que puedas ser consciente de cómo te relacionas, de manera general, con tu alrededor. Esta toma de conciencia es esencial para centrarnos tanto en los aspectos positivos como en aquellos que nos generan malestar a la hora de relacionarnos, de cara a trabajar para crear vínculos saludables en los que nos sintamos seguras.

Tómate tu tiempo para leer los enunciados y marca aquellas casillas con las que te sientas identificada. Después, reflexiona e intenta responder a las preguntas.

APEGO SEGURO

☐ No tengo problemas para expresarme con honestidad y compartir cómo me siento.

☐ Me siento segura de mí misma y valoro a las personas de mi alrededor.

☐ Me permito mostrarme vulnerable en mis relaciones y soy capaz de sostener a los demás cuando lo necesitan.

☐ Me valoro por cómo soy y sé que, pese a mis fallos, merezco que me traten bien y que me quieran.

☐ Aunque me gusta compartir tiempo y espacio con las personas a mi alrededor, me considero una persona independiente y capaz.

☐ Soy capaz de asumir las críticas constructivas sin venirme abajo.

APEGO EVITATIVO

- ☐ Me cuesta compartir mi malestar o me muestro emocionalmente distante.

- ☐ Me incomoda la cercanía, ya sea física o emocional, con los demás. Siento que no sé cómo actuar.

- ☐ Creo que mostrarse vulnerable o depender de otra persona es una muestra de debilidad.

- ☐ Evito los conflictos al máximo posible y, cuando son inevitables, busco excusas para no afrontarlos.

- ☐ Valoro mi independencia por encima de lo que pueda ofrecerme una relación.

- ☐ Si la otra persona no respeta mis límites, me distancio en lugar de expresar mi incomodidad y buscar una solución.

APEGO ANSIOSO O AMBIVALENTE

☐ Me siento muy insegura sobre mí misma y necesito recibir constantemente el refuerzo positivo de los demás.

☐ Vivo con el miedo de que la otra persona descubra que no merezco la pena y distancie de mí, incluso cuando no hay razón para ello.

☐ Me cuesta confiar en los demás.

☐ Me cuesta sentirme en calma por mí misma, nunca encuentro palabras de consuelo, siempre necesito que alguien externo me haga sentir mejor.

☐ Busco la cercanía y dependo de los demás tanto que no sé si podría afrontar ciertas situaciones yo sola.

☐ Si la otra persona no respeta mis límites, me distancio en lugar de expresar mi incomodidad y buscar una solución.

APEGO DESORGANIZADO

☐ Me siento muy insegura sobre mí misma y también sobre mis relaciones.

☐ Desconfío mucho de las intenciones de los demás. A menudo pienso que ocultan algo cuando buscan acercarse a mí.

☐ Siento que, en mis relaciones, debo mantenerme alerta; nunca puedes saber cuándo te van a decepcionar.

☐ No tengo claros mis propios sentimientos por los demás y, a menudo, no sé cómo actuar cuando hay un conflicto.

☐ Aunque a veces necesito mucho la intimidad, tengo miedo de que me hagan daño, y eso me lleva, en ocasiones, a distanciarme por completo o desaparecer del vínculo.

☐ Las personas a mi alrededor me dicen que mi forma de actuar les confunde.

¿Ves alguna relación entre tu forma de relacionarte hoy con quienes te rodean y cómo era la relación con tus padres? ¿Y la de tus padres con su propio sistema familiar?

¿Qué aspectos de tus conductas de proximidad o distancia te gustaría explorar?

Empieza a construir un apego seguro

Aunque, como hemos visto en el ejercicio anterior, nuestra forma de relacionarnos con quienes nos rodean se ve influida por las relaciones con nuestras figuras de cuidado (por lo general, nuestros padres), siempre hay esperanza: **el apego puede repararse pese a la falta de seguridad en nuestra infancia**.

Y un primer paso para empezar a trabajar en esto, después de explorar la historia de tu infancia y entender el origen de tus respuestas protectoras, es a través de las **experiencias emocionales correctivas**. Cuando nos exponemos hoy a una situación que en el pasado le generó malestar o inseguridad a nuestra niña interior, tenemos dos opciones: dejar que sea la niña que fuimos quien responda desde la herida, probablemente con una de esas respuestas protectoras que ya identificaste; o bien dejar que sea tu yo adulta quien tome las riendas de la situación.

A continuación, encontrarás algunos ejemplos de aquellos aspectos o conductas que necesitamos cultivar en función de cuál es nuestra tendencia a la hora de relacionarnos con diferentes personas (es probable que, al reflexionar sobre ello, descubras que no te relacionas de la misma manera con tu padre o con tu madre que con tu pareja).

Después de leerlo, te invito a pensar en estrategias que podrían ayudarte a cultivar aquellas cosas que necesitas para reparar tus heridas de apego.

Apego ansioso	Apego evitativo	Apego desorganizado
Cuando tenemos esta tendencia, necesitamos cultivar la confianza en nuestros recursos internos para calmarnos.	Cuando tenemos esta tendencia, necesitamos cultivar la curiosidad hacia cómo se sienten otros apoyos que no seas tú misma.	Cuando tenemos esta tendencia, necesitamos restaurar la conexión interna y externa para sentirnos parte y sostenidas.
Propuesta de estrategia para darte confianza: cuando tengas dudas sobre una decisión con dos opciones, antes de compartirla, trata de tener una idea de cuáles son los motivos para elegir cada una.	**Propuesta de estrategia para la curiosidad:** cuando alguien esté compartiendo algo personal, trata de compartir algo tú también y ver cómo te sientes.	**Propuesta de estrategia para darte conexión:** cuando esté bien para ti puedes conectar con una canción que te guste y con los demás en una actividad social que te haga sentir bien.

Después, te invito a que pongas estas estrategias en práctica cuando lo necesites y prestes atención al efecto que tienen en tu discurso interior. ¿Notas alguna diferencia? ¿Te sientes más cerca o lejos de ti?

Está bien si esta práctica todavía no ha tenido resultados, lo importante es que has decidido empezar a conectar contigo y con los demás desde la niña que fuiste. Estas estrategias nos pueden dar miedo, pues despiertan heridas de otros vínculos. También quiero que sepas que las heridas que fueron generadas en vínculos también serán sanadas en ellos, no tiene por qué ser en los mismos.

Revisa tu brújula vital

La toma de conciencia de nuestros valores es esencial para sentirnos bien con nosotras mismas y sanar. Unos valores claros son como una especie de brújula vital ante los obstáculos. Por lo general, vamos tan rápido por el mundo que no nos detenemos a pensar en qué cosas nos gustaría que nos definiesen y por las que se nos recordase, pero hacerlo, sin duda, tiene múltiples beneficios: tener unos valores claros nos ayuda a ver con mayor claridad y orienta nuestros pasos cuando nos enfrentamos a una situación adversa; nos da seguridad y nos ayuda a regular nuestra conducta en comunidad (¡de hecho, son esenciales para relacionarnos de forma sana!).

A continuación, te invito a seleccionar y escribir en tu brújula vital ocho valores del listado de la página siguiente que sean prioritarios para ti.

Al reflexionar sobre cuáles te gustaría que orientaran tu forma de actuar, tal vez, veas que estos no son los que te transmitieron en casa mientras crecías. Si es el caso, no estás sola. Reparar las heridas implica, muchas veces, romper con mandatos y creencias que nos han inculcado.

**Recuerda: solo tú tienes
el poder de decidir adónde vas.**

Abundancia   Actividad   Aceptación   Belleza

Benevolencia   Bienestar   Cambio

Caridad   Ciencia   Comodidad

Dependencia   Desafío   Descansar

Descubrimiento   Educación   Efectividad

Eficiencia   Elegancia   Fama   Familia

Fe   Felicidad   Ganar   Generosidad

Gratitud   Habilidad   Heroísmo   Humor

Independencia   Individualidad

Influencia   Justicia   Juventud   Lealtad

Libertad   Liderar   Madurez

Matrimonio   Modestia   Optimismo

Orgullo   Originalidad   Pasividad   Perfección

Perseverancia   Racionalidad   Rapidez

Realismo   Sacrificio   Salud   Satisfacción

Trabajo en equipo   Tranquilidad

Valentía   Verdad

Si lo necesitas, da rienda a tu creatividad y regálate un momento de calma coloreando la ilustración.

Me gustaría que pudieras ver qué valores son los que en tu hogar estuvieron más presentes, pues eso nos ayudará a detectar cuándo puede aparecer en nosotras ese conflicto interno de avanzar basado en nuestros valores y la incomodidad de ser desleales a los aprendidos.

Quizá, en tu casa ha sido muy importante el sacrificio, entendido como «si el resultado es bueno, todo esfuerzo será poco» o «no importa el camino si el resultado es bueno», y quizá para ti sea necesario adaptar ese valor y ver qué está suponiendo para ti el sacrificio.

Tómate un respiro

En este espacio, me gustaría que simplemente pienses en aquellas frases que te gustaría escuchar para ayudarte a continuar en este camino de sanación que has empezado. Para hacerlo más fácil, imagina que estás esperando a la niña que fuiste desde el final de un puente, pero no se atreve a cruzarlo y quieres infundirle calma, compasión y coraje para que llegue a tu lado. **¿Qué le dirías?**

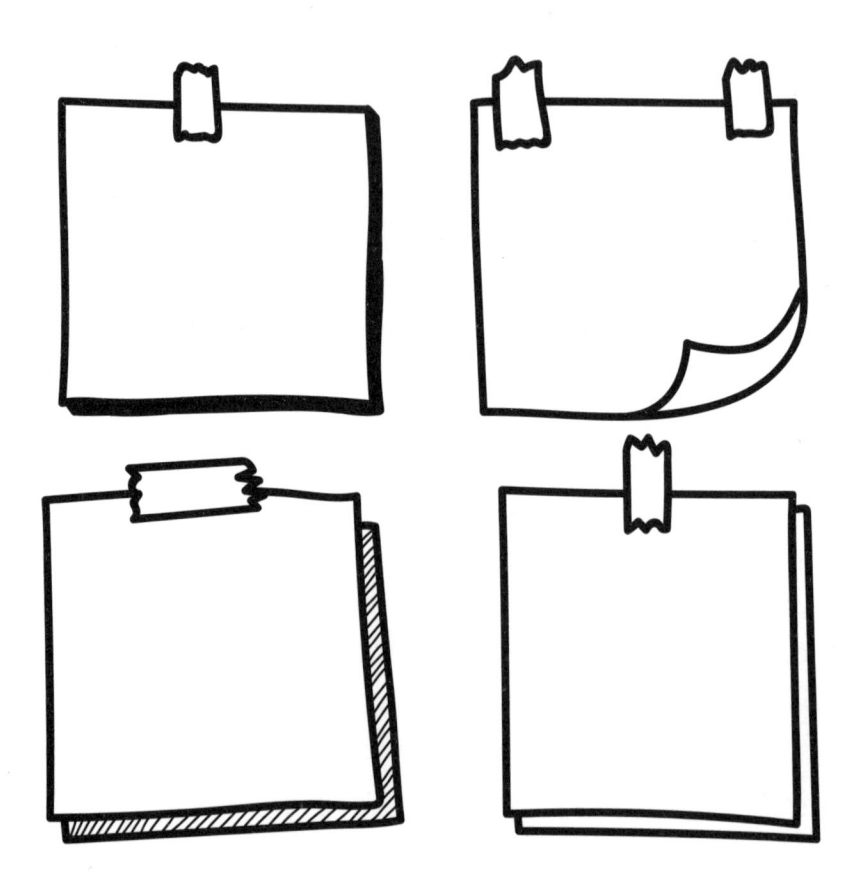

Sapos y princesas

Según Eric Berne, psiquiatra y psicoterapeuta humanista, todos nacemos **príncipes y princesas**, es decir, con un buen concepto de nosotros mismos y la creencia de que nos merecemos y podemos lograr todo. Dentro de nosotros poseemos todo lo que necesitamos para sentirnos bien y para conseguir lo que nos propongamos.

Sin embargo, el proceso de civilización, de compartir el mundo con otras personas (en nuestra primera etapa, en especial, con nuestros padres), hace que este buen concepto se vaya tiñendo a través de las críticas, y hace que nos restemos valor o perdamos la confianza en nuestras capacidades, y al final acabamos creyendo que somos **sapos**.

Piensa en las críticas y los mensajes negativos que te diriges a ti misma (y que espero que, si has llegado hasta aquí, hayas empezado a explorar su origen) y después reflexiona acerca de los comentarios y descripciones (con refuerzo y con juicio) que hacían de ti los adultos de tu infancia.

Si de pequeña a menudo tus padres te decían que «podías hacer más» o que no te iban a felicitar por «hacer lo que toca», aunque estos comentarios pudieran ir sin mala intención, propios de la educación recibida anteriormente y orientados a que te esforzaras y dieras lo mejor de ti, con el tiempo debido a la falta de reconocimiento de tus logros y las constantes exigencias, empezaste a sentir que no lo hacías suficientemente bien y comenzaste a internalizar que no tenías lo necesario para que estuvieran orgullosos de ti.

Estos mensajes que escuchamos repetidamente se transforman en una especie de mandato de cómo tenemos que ser y por ello cuando no cumplimos con lo establecido nos podemos juzgar y criticar a nosotras mismas. De este modo, es importante identificar cuáles son esas creencias que cargamos para poder mirarnos con nuestros ojos y hablarnos con nuestra propia voz.

¿Qué frases empleaban? Escríbelas. A continuación, te he dejado algunos ejemplos que escucho con frecuencia en terapia:

- Es muy madura para su edad.
- Es muy traviesa.
- Parece una mujercita; se porta muy bien siempre.
- Es la mejor de su clase.
- Nos trae de cabeza.
- Es muy callada.
- Es demasiado parlanchina.

....
....
....
....

¿De qué manera crees que estas frases guardan relación con cómo te ves a ti misma hoy?

....
....
....
....

Mantén una conversación con tu crítica interior

Esta voz crítica, probablemente sea una gran conocida para ti y, a la vez, una gran desconocida. Pues esta parte surge como un mecanismo de protección interno para resguardarte de las críticas externas sufridas. Aunque su intención sea positiva, y tenga que ver con señalarte todo aquello que puede ser criticado, el efecto que genera en ti es doloroso, porque trae con ella una exigente lista de tareas con todos los estándares que tienes que cumplir para satisfacer las expectativas y no ser criticada.

A continuación, me gustaría que intentaras mantener una conversación con tu crítica interior. Para que te resulte más fácil, puedes pensar que esta crítica viene a compartir contigo lo que intenta hacer por ti, viene a explicarte su historia o bien puedes escribirle tú a ella. Da rienda suelta a tu imaginación.

Después, piensa en un área de tu vida (tu relación de pareja, tus amistades, tu familia, tu trabajo) en la que tiendas a ser muy crítica contigo misma y reflexiona durante dos o tres minutos.

¿Qué frases invalidantes te dice tu crítica al respecto? Anótalas a continuación.

....

....

....

....

Después, tómate unos minutos para pensar y responder las siguientes preguntas:

¿Qué crees que quiere conseguir con esas críticas?

....
....
....
....
....
....
....
....
....
....

¿Qué crees que le asusta que ocurra o no ocurra si no haces caso a lo que te está diciendo?

....
....
....
....
....
....
....
....
....
....

¿En qué juicios externos se basan sus comentarios sobre ti? ¿Los has escuchado antes?

....

....

....

....

....

....

....

....

....

....

¿Qué crees que necesita escuchar de ti?

....

....

....

....

....

....

....

....

....

Las críticas son dolorosas, literalmente. Hay estudios que demuestran que pueden llevarnos a experimentar dolor físico, como si nos dieran un golpe. Aunque no está en nuestra mano controlar cómo actúan los demás, sí que podemos desarrollar herramientas para aprender a gestionar estos golpes emocionales y, en el caso de la crítica interior, podemos convertir esa voz invalidante (que muchas veces bebe de las voces de otras personas) en una voz compasiva y empoderadora, como si fuese **nuestra animadora personal**.

Es importante diferenciar nuestras creencias y percepciones que tenemos de nosotras mismas de las que nos han contado otros. Hay muchos comentarios personales que están directamente relacionados con algunas cargas sociales, como la presión estética. Aunque ser consciente de que gente a la que queremos nos ha hecho daño, seguramente, te genere malestar, debes entender que **nunca hubo nada malo en ti y que, en tu interior, tienes todo lo que necesitas para volver a confiar en ti.**

Siéntete orgullosa

Aprovecha el espacio de la página siguiente para compartir un logro, de la naturaleza que sea (personal, profesional, formativo, etc.), del que te sientas genuinamente orgullosa. No importa si consideras que es pequeño o grande; céntrate en lo bien que te sientes contigo misma por haber alcanzado eso que te habías propuesto. ¿Cómo lo conseguiste? ¿Qué palabras de aliento te decías a ti misma en el proceso o escuchabas de las personas que te quieren? Una vez hayas acabado tu relato, ¡celébrate de una forma que tenga sentido para ti!

Intégrate en tu propia historia

Sanar las heridas y reconectar con nuestra niña interior implica reconocer el relato sobre nosotras mismas que hemos aceptado como válido sin cuestionarlo pese al malestar que nos genera. Y, a su vez, implica crear un nuevo relato en el que integrar la parte emocional de las personas involucradas.

Cuando empezamos a trabajar en nosotras mismas, es habitual darnos cuenta de que, como adultas, hemos relatado nuestras experiencias de la infancia desde la mirada de los adultos que estaban a nuestro alrededor; o bien que hay piezas del puzle que se han quedado sin encajar, porque no supieron conectar con nuestro sentir.

Por eso, ahora que tienes la capacidad de acompañarte como mereces, es importante que tú lo hagas.

Echa la vista atrás a tu infancia y piensa en cómo la describen los adultos que te vieron crecer. Después, cierra los ojos y respira profundamente durante un par de minutos. Intenta conectar con tus emociones pasadas, que seguramente ya han hecho acto de presencia a lo largo de estas páginas.

¿Qué emociones crees que tus padres u otros adultos que te acompañaron en la infancia no han incluido en el relato que te han contado? A continuación, busca integrar esas emociones en la versión de tu relato.

LA VERSIÓN QUE ME HAN CONTADO

MI VERSIÓN

....

....

....

....

....

....

....

....

....

....

....

....

....

....

....

....

En la infancia necesitamos que las personas adultas que nos acompañan organicen nuestro mundo interno y, la mayoría de las veces, omiten el discurso emocional o nos narran la historia desde el foco de cómo nos tenemos que sentir por todo el juicio hacia las emociones desagradables. Por eso, en estas líneas es importante que puedas ver cómo se siente encontrar una voz propia que pueda recoger y abrazar todas las emociones que hay en ti conociendo el contexto que viviste, pues no se trata de escoger una, sino de crear una narrativa de unión con lo que pasó y cómo fue para ti.

¿Cómo te sientes ahora mismo?

Entiende tus modos de respuesta

A estas alturas ya estarás familiarizada con tus respuestas protectoras (esos patrones de conducta que reflejan los miedos de tus partes internas, si no recuerdas bien de lo que te hablo vuelve a la página 46).

Pero más allá de eso, estas respuestas pueden englobarse en cuatro categorías generales establecidas por Stephen Porges en su teoría polivagal. En su teoría explica que, cuando enfrentamos algo que percibimos como una amenaza, nuestro cuerpo y nuestro sistema nervioso tienen cuatro formas principales de responder, que actúan tipo escalera y según lo que percibe, se adaptan y nos protegen de la mejor manera posible.

Primera respuesta – conexión

Es el primer intento que realizamos cuando nos sentimos amenazados, tratamos de apoyarnos en las demás personas para sentirnos seguras.

Segunda respuesta – lucha, huida

Aquí se activa nuestra alarma interna y nos preparamos para huir o luchar, según la dimensión de la amenaza. Nuestro corazón late rápido, respiramos fuerte y los músculos se tensan para prepararnos para el movimiento de defensa o de huida.

Tercera respuesta – congelación

Si luchar o huir no ha sido posible, nos paralizamos, nos sentimos cansadas y sin energía, como si hubiesen saltado nuestros plomos internos por toda la activación de la amenaza.

Cuarta respuesta - adulación

La última respuesta para afrontar la amenaza, si las otras no han sido posibles; el cuerpo se siente débil y sentimos que no podemos reaccionar, el cuerpo se rinde para protegerse de sufrir más daño y se somete de forma extrema porque la amenaza es demasiado para afrontar.

En mayor o menor medida, todos adoptamos estos diferentes modos de respuestas en nuestro día a día, pero, por lo general, tenemos uno o incluso dos modos de respuesta por defecto, que están más presentes en nuestras acciones.

Es importante ser consciente de cómo respondemos ante una situación de peligro o amenaza hacia nuestra integridad (sea una amenaza real o no; lo relevante aquí es cómo lo percibes tú) para detectar cómo volver más rápido a un estado de regulación y conexión, pues no podrás evitar responder desde un lugar u otro, pero sí tratar de salirte de ese estado cuando no estés en peligro real. Por ejemplo, si estás en el sofá toda la tarde evitando afrontar una tarea y eso no te hace sentir bien, debes conocer formas de volver a estar en activo o en calma para poder avanzar con seguridad.

A continuación, lee las siguientes afirmaciones y marca tu nivel de acuerdo o desacuerdo en la siguiente escala, donde 1 es en total desacuerdo y 5 totalmente de acuerdo, en función de cuán identificada te sientas con ellas.

Respuesta de lucha

Cuando alguien me critica, soy incapaz de controlar mi rabia y levanto la voz.	1	2	3	4	5
Si alguien cuestiona algo que estoy haciendo, enseguida intento excusarme o defenderme.	1	2	3	4	5
Cuando tengo un desencuentro con alguien, me mantengo en mis trece y no cedo si creo que tengo la razón.	1	2	3	4	5
En un contexto de amenaza, estrés o presión, necesito sentir que tengo el control de la situación.	1	2	3	4	5

Respuesta de huida

Cuando alguien me critica o me dice algo que no me gusta, practico el *ghosting*, aunque no quiera hacerlo.	1	2	3	4	5
Ante la idea de enfrentarme a alguien, procrastino cuanto puedo hasta que no tengo más remedio que encarar la discusión.	1	2	3	4	5
Evito activamente todas aquellas situaciones que son conflictivas en potencia. Para mí, mejor prevenir que curar.	1	2	3	4	5
En un contexto de amenaza, estrés o presión, entro en pánico o me siento ansiosa, inquieta o me cuesta concentrarme en cómo reducir la sensación de malestar.	1	2	3	4	5

Respuesta de congelación

En una presentación o examen, te bloqueas y no puedes recordar lo que habías estudiado.	1	2	3	4	5
En una toma de decisiones, no sabes cuál es la mejor opción y le das vueltas en tu cabeza sin escoger y, mientras, evitas la renuncia natural.	1	2	3	4	5
Tienes una lista enorme de tareas y, en vez de empezar, te quedas sentada mirando al vacío.	1	2	3	4	5
En un contexto de amenaza, estrés o presión, entro en pánico o me siento ansiosa, inquieta o me cuesta concentrarme en cómo reducir la sensación de malestar.	1	2	3	4	5

Respuesta de adulación

Cuando alguien me critica o dice algo que no me gusta, agacho la cabeza y sonrío en vez de responder.	1	2	3	4	5
En una conversación, alguien dice algo con lo que no estás de acuerdo, no das tu opinión y te muestras de acuerdo para mantener la paz.	1	2	3	4	5
Después de un día muy difícil, quieres volver a casa pronto, pero tus compañeros proponen ir a tomar algo y no quieres quedar mal.	1	2	3	4	5
Quieres descansar, pero si alguien te pide algo, siempre dices que sí porque tienes miedo de decepcionar o causar problemas.	1	2	3	4	5

La **tendencia a luchar** puede reflejar haber crecido en un entorno donde sentías que tenías que defenderte constantemente para ser escuchada y no ser abandonada. Sentir que tenías que luchar por ser valorada, ser fuerte y demostrar que eras capaz de dominar la situación siendo pequeña fue la única forma de recibir atención y sentirte segura.

Si te identificas más con la **tendencia a huir**, quizá aprendiste que la evasión era la mejor forma de protegerte de situaciones tensas y personas impredecibles, escapar de un entorno controlador y caótico se volvió un refugio para ti.

La **tendencia a congelarse** puede ser común en personas que vivieron en su infancia experiencias abrumadoras donde no podían hacer nada por cambiarlas y se sintieron desamparadas ante discusiones fuertes entre los progenitores o ante situaciones de abuso, y al ser dependientes no encontraron la forma de escapar hacia la seguridad.

La tendencia a la sumisión puede parecerse a la congelación, pues comparte la sensación de desconexión, pero, en este caso, la reacción se basa en ser complacientes y «buenas» para evitar conflictos y, así, recibir la aprobación y el cariño de personas críticas o impredecibles, priorizando el vínculo con los referentes por encima de nosotras.

Estas tendencias no son definitivas ni malas; son adaptaciones inteligentes que nuestro cuerpo y mente establecieron para sobrevivir y adaptarse al entorno de nuestra infancia. El trabajo en terapia consiste en reconocerlas y encontrar formas que nos proporcionen una mejor relación con nosotras mismas y con los demás.

La rueda de las emociones

Si te pregunto cómo estás ahora mismo y te pido que no me contestes con el típico «bien» o «mal» ¿sabrías responderme? Muchas de nosotras vivimos el día a día sin pararnos a escuchar cómo nos sentimos de verdad ni cuál es la intensidad de nuestras emociones. Esta desconexión de nosotras mismas dificulta identificar qué ocurre en nuestro interior y darnos lo que necesitamos para encontrar un equilibrio emocional, necesario para sanar nuestras heridas.

Esta rueda, diseñada por Plutchik, recoge ocho emociones primarias y universales. De estas, nacen otras emociones secundarias, que añaden una capa más de significado a esas emociones y de las cuales, a su vez, nacen otras emociones todavía más concretas, que recogen detalles que convierten nuestras experiencias en algo único.

Con la ayuda de esta rueda, me gustaría que, a partir de ahora, establezcas un ritual contigo misma, que puedes practicar al empezar y al acabar el día. Tan solo concédete cinco minutos para cerrar los ojos, respirar profundamente y reconectar con tu sentir.

Después, reflexiona. **¿Qué sensaciones tienes en tu cuerpo hoy? ¿Qué emociones describen mejor cómo me siento?** Recógelas y permítete sentirlas. Tal vez al hacerlo te veas desbordada y te entren ganas de llorar, reír o gritar. Si es así, date ese espacio.

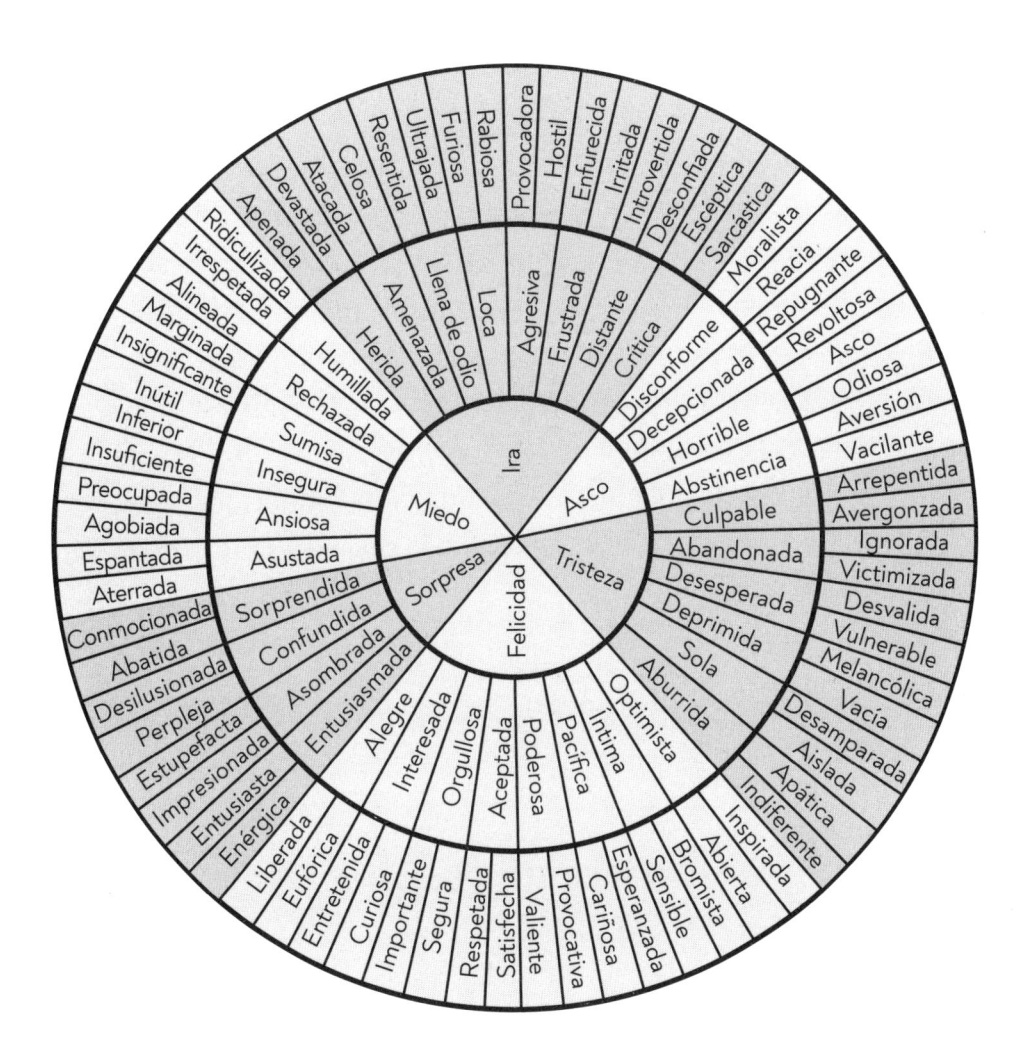

107

Expresar nuestras emociones puede ser una tarea muy compleja, sobre todo, cuando en casa o en la escuela no nos han enseñado a hacerlo y hemos adoptado la falsa creencia de que hay emociones buenas y malas. Las emociones simplemente son, y conocerlas y reconocerlas sin interponer juicios de valor de por medio es importantísimo para reconectar con nuestro interior y empezar a sanar.

Además, no es raro sentir muchas cosas a la vez, y algunas veces estas emociones pueden ser contrarias, no obstante, lejos de luchar para elegir una, es importante que ambas convivan. A diferencia de lo que quizá creas, cuanta mayor complejidad emocional, mayor madurez emocional también. Si eres capaz de experimentar sentimientos contradictorios, como la ilusión y el miedo a la vez, por ejemplo, al decidir cambiar de trabajo, significa que puedes abarcar la complejidad emocional de la vida y que, por tanto, tienes en ti todo lo que necesitas para seguir el camino.

Tómate un respiro

Hacer las paces con la niña que fuiste implica ser consciente de que, en la vida, hay cosas que podemos controlar y, también, cosas que no. Adquirir esta perspectiva es una herramienta superútil a la hora de autorregularnos y procesar, de forma compasiva, emociones que pueden desbordarse y generarnos malestar.

Aunque no seas capaz de controlar todo lo que ocurre a tu alrededor, tienes dentro de ti las herramientas para gestionar cómo respondes a ello. **Solo debes confiar en ti y permitirte sentir.**

Cosas que escapan a mi control

Cosas que puedo controlar

Hay situaciones que no podemos controlar, y esa sensación de impotencia a menudo nos frustra y nos hace sentir atrapadas. No obstante, en lugar de enfocarnos en cambiar lo que no está en nuestras manos, a veces podemos liberar la emoción que esto nos provoca. Por ejemplo, quizá desearías que la relación con tu madre fuera más sencilla o que ella fuese más cariñosa contigo. Aunque no puedes cambiarla directamente, sí puedes explorar cómo te sientes, qué necesitas, y analizar si es posible una comprensión de tus necesidades por su parte. También deberías reflexionar si ella puede llegar a satisfacer ese aspecto en la relación. Al centrarte en estas áreas realistas, logras enfocarte en tu propio crecimiento y bienestar. **La aceptación no está exenta de dolor, sin embargo, es un acto de liberación.**

Tu iceberg emocional

Es posible que, al hacer los ejercicios anteriores por primera vez, hayas sido consciente de la poca o escasa educación emocional que recibiste en casa o en la escuela. Si esta fue justamente tu realidad, no estás sola y que estés empezando este viaje ya es un paso adelante.

Para expresar tu mundo interior, con toda su complejidad y en su totalidad, se requiere práctica y mucha compasión.

Un primer paso para expresar nuestras emociones con quienes nos rodean de manera sana y asertiva es compartirlas con nosotras mismas, dándonos permiso para sentir y validando incluso aquellas emociones que nos generan malestar.

El iceberg de la página siguiente representa tu mundo emocional, que ya hemos visto que puede tener muchos matices. Una parte de él es visible para el resto, pero seguro que hay también toda una serie de emociones que escondes de los demás (y quizá de ti misma). **¿Qué emociones te permites compartir? ¿Cuáles no? ¿Compartes las profundidades con todo el mundo? ¿Te gustaría que los demás vieran esa parte escondida de ti? ¿Cómo te sientes después de compartir algunas facetas?**

Si lo necesitas, da rienda a tu creatividad y regálate un momento de calma coloreando la ilustración.

Importante: el iceberg nos muestra que lo que vemos en la superficie es solo una pequeña parte de nuestra experiencia emocional.

Bajo el agua, hay todo un mundo que influye en cómo vivimos, sentimos y reaccionamos. Al explorar lo que hay debajo, no solo nos conocemos mejor, también aprendemos a aceptar nuestras emociones más profundas y a darles espacio para expresarnos. Reconocer esas partes ocultas no es fácil, pero es el primer paso para comprendernos, crecer y encontrar más equilibrio. Recuerda, incluso lo que está bajo el agua forma parte de ti y es importante mostrarlo en lugares seguros para que también te conozcan y puedan conocer la profundidad de tu emoción.

Practica la validación emocional

Ya hemos hablado de lo importante que es desarrollar una mirada compasiva hacia nuestra niña interior para sanar el pasado. Pero, también, a medida que tu conexión con la niña que fuiste crezca, es importante que esa compasión también se la dirijas a tu yo actual.

Nuestras palabras (también las que no decimos) tienen un gran poder: el poder para sanar, pero también para herir.

Y la práctica hace al maestro. Por eso, es importante cultivar una voz más sabia que construya la relación más importante de todas: tú.

¿Con qué frecuencia usas palabras invalidantes o expresiones con juicio para describir tus emociones?

Presta atención a cómo te hablas en tu día a día cuando te sobreviene una sensación de malestar emocional.

Lo primero de todo es reconocer tu emoción y cómo se manifiesta en tu cuerpo y en tus acciones cuando te sobrepasa, y, sobre todo, permitirte experimentarla y entender de dónde sale.

Una vez hecho este paso, lo siguiente es trabajar tu creatividad y buscar una respuesta diferente a la que siempre te has dado. Es hora de probar algo nuevo.

Si necesitas que te echen un cable para nombrar las emociones que recogen tus frases, puedes volver a la rueda de la página 107.

En lugar de decirme...	¿Qué emoción creo que recogen estas palabras?	A partir de ahora me diré...	¿Qué emoción creo que recogen estas nuevas palabras?

El mapa emocional diario

Para el próximo ejercicio, piensa en una emoción que en estos momentos sientas que te desborda y te cuesta gestionar. Céntrate en ella, en cómo te afecta, y respira hondo y fíjate en cómo tus emociones pueden fluctuar a lo largo del día.

Dibuja un mapa cronológico de la jornada y coloca en diferentes momentos qué emociones sentiste y por qué. Asocia colores con emociones (por ejemplo, rojo para la ira, azul para la tristeza). Esta técnica visual te dará una aproximación creativa a lo que está pasando dentro de ti y verás si la forma en que estás manejándolo te ayuda a sentirte aliviada y en calma o te mantiene desbordada.

Intenta poner en práctica este mapa durante los próximos días. ¿Cómo te sientes al hacerlo? ¿Has observado algún patrón o descubrimiento? ¿Qué desencadenó cada hecho en particular? ¿Qué hiciste para manejar la situación? ¿Y cuánto tiempo sentiste esa emoción?

....
....
....
....
....
....
....
....

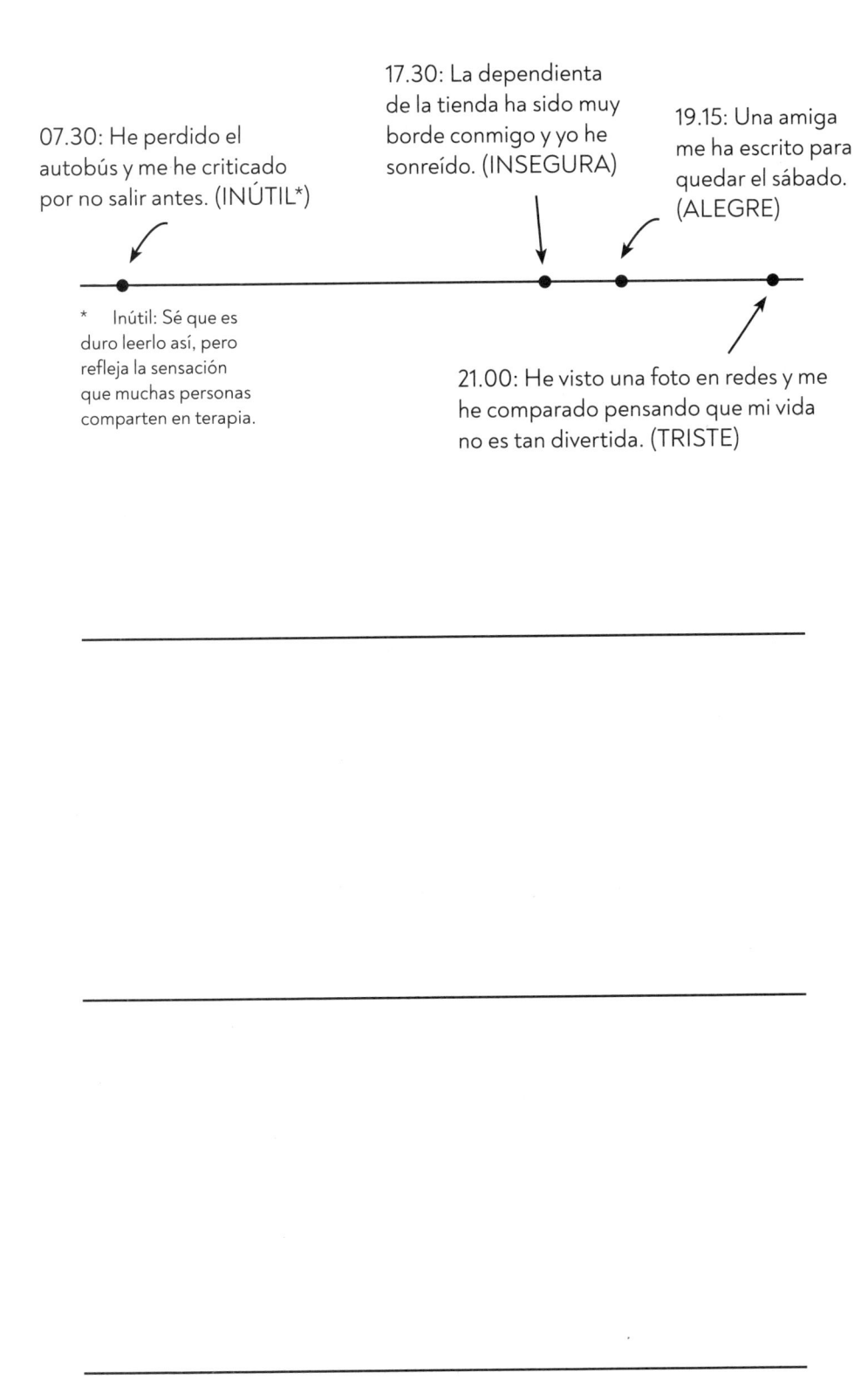

07.30: He perdido el autobús y me he criticado por no salir antes. (INÚTIL*)

17.30: La dependienta de la tienda ha sido muy borde conmigo y yo he sonreído. (INSEGURA)

19.15: Una amiga me ha escrito para quedar el sábado. (ALEGRE)

* Inútil: Sé que es duro leerlo así, pero refleja la sensación que muchas personas comparten en terapia.

21.00: He visto una foto en redes y me he comparado pensando que mi vida no es tan divertida. (TRISTE)

Dibuja tu felpudo de casa

Cada familia funciona de una manera diferente; es **un sistema con sus propias dinámicas y roles, donde nosotras, como hijas, jugamos un papel importante.**

Cuando entramos en casa como niñas, nuestros progenitores deben ocuparse de cubrir nuestras necesidades, pero, al mismo tiempo, como miembros de la familia, nosotras también tenemos que cubrir sus necesidades emocionales. Esto, muchas veces, nos lleva a regirnos por patrones de conducta que no nos permiten hacer o ser lo que queremos, pues hacerlo supondría traicionar las normas de casa y, por ende, a nuestros padres.

Y no hay nada que la niña que fuimos desee más que formar parte de esa familia, recibir su amor y ser reconocida como miembro indispensable.

Sin embargo, es probable que, a veces, ser fiel a lo que llena de verdad a nuestra adulta nos suponga tener que hacer lo contrario a lo que esperan de nosotras otros miembros de la familia, y el proceso de traición tiene que ver con lidiar con la sensación de deslealtad que se despierta al saber que podemos decepcionar a nuestra familia y no es nada sencillo para nuestra niña interior. Antes de explorar en detalle tu historia familiar, párate y piensa en qué cosas se alababan o se rechazaban en casa.

¿Qué se leería en el felpudo de la puerta de tu casa familiar?

Eres bienvenida en esta casa si...

_____

_____

_____

No eres bienvenida en esta casa si...

_____

_____

_____

¿Cómo te sientes al leer estos mensajes?
¿Te sientes representada por alguno de ellos?

....

....

....

....

....

....

....

....

....

....

....

....

....

....

....

....

....

....

Ahora, es el momento de dibujar tu propio felpudo, uno que recogerá tu aspiración, el mantra que te gustaría que reinase en tu hogar.

Eres bienvenida en esta casa si...

_____

_____

_____

El árbol de tu familia

A la hora de revisar nuestra historia familiar, una herramienta muy útil es el genograma, una especie de diagrama o árbol genealógico que nos ayuda a recoger información sobre la estructura familiar, la relación que existe entre los miembros y, si hacemos las preguntas correctas, nos permite revisar patrones de comportamiento y posibles influencias que se han dado de una generación a otra.

En el siguiente árbol, anota en los círculos cada miembro que quieras incluir dentro de lo que consideras tu familia más cercana. Después, piensa en tu relación con cada uno de ellos y anota los datos que consideras relevantes para recoger y describir tu historia familiar. Quizá puedes fijarte en si hay similitudes con alguien de tu familia (estudiaste lo mismo que tu padre) o si, por el contrario, sois muy diferentes.

A continuación, te dejo algunas preguntas que pueden ayudar a orientar tu reflexión inicial.

¿Qué tres o cuatro palabras te vienen a la mente para describir su personalidad?

....

....

¿Qué valores o exigencias se refuerzan dentro de tu familia? (Por ejemplo, la sinceridad ante todo, el trabajo duro, la independencia, etc.).

....

....

¿Con quién tienes una relación más estrecha?

....

....

¿Cómo es la relación de tus padres con sus progenitores?

....

....

¿Qué te imaginas acerca de las heridas de infancia de tus padres?

....

....

¿Cómo han descrito tus padres a su familia?

....

....

¿Hay alguien a quien te parezcas y te lo digan de forma despectiva?

....

....

¿A qué persona de tu sistema familiar no te gustaría nada parecerte?

....

....

¿A qué persona de tu sistema familiar admiras y te sientes cerca de ella?

....

....

¿Qué problemas tienen? ¿Qué les hace sufrir?

....

....

¿Compartes o vives con alguno de sus problemas o sufrimientos?

....

....

Lo que te pasa con alguno de ellos, ¿les pasa a ellos con más personas?

....

....

....

Si lo necesitas, da rienda a tu creatividad y regálate un momento de calma coloreando la ilustración.

¿Dónde estás en el triángulo?

Más allá de los roles y etiquetas que todos asumimos en el sistema de nuestra familia (padre, hijo, hija, madre, hermana, nieta, primo, etc.), el psicólogo y médico Stephen Karpman desarrolló un modelo que nos ayuda a identificar mejor la posición que tomamos ante los diferentes conflictos que surgen en nuestras relaciones. En este modelo, las personas se ven atrapadas en roles que perpetúan conflictos y dinámicas disfuncionales.

Según su modelo, la mayoría de estos vienen dados por una serie de procesos inconscientes, que experimentamos en el día a día sin ser conscientes y nos hacen asumir unos roles básicos que pueden ir rotando, incluso dentro de una misma relación: **víctima, salvador o perseguidor.**

¿Qué palabras o frases te describen mejor en los conflictos? Haz un círculo alrededor de aquellas palabras con las que te sientas identificada y añade las frases que creas que faltan. Como te decía, es probable que suelas posicionarte en varios roles dependiendo de la dinámica establecida con la persona con la que se produce el enfrentamiento y la emoción que impere en ti en ese contexto. Lo importante es que seas capaz de identificar desde qué postura respondes en esas situaciones para romper la dinámica que te hace daño y que, tal vez, haga daño a otras personas. Así como trabajar para decidir si quieres cambiar algo en la relación (ten presente que esto no siempre será posible) o bien, si quieres seguir o no manteniendo esa dinámica en la relación.

Aunque hay muchas cosas que están fuera de tu control (como todo lo que haga otra persona), **es hora que comiences a respetar tus necesidades** y a ser consciente de que tu felicidad y bienestar de hoy pueden depender de ti.

TRIÁNGULO DRAMÁTICO

Salvador

Justicia

Culpa

Perseguidor

- Deja que te ayude
- No puedes hacerlo sola
- Pobrecita...
- Yo lo resolveré

Miedo

- Todo es culpa tuya
- No vales para nada
- Te equivocas
- No es culpa mía
- Debería darte vergüenza

Víctima

- Todo es culpa mía
- No valgo para nada
- No doy una
- Necesito ayuda
- Es demasiado difícil

Importante: no todo el mundo se siente identificado con estas etiquetas.

El triángulo dramático es solo un modelo que busca analizar la resolución de conflictos, pero las dinámicas disfuncionales pueden ser muy complejas. Si es tu caso, te abrazo y espero que encuentres en estas páginas el abrazo que tanto ansías. **Y recuerda: si lo necesitas, pide ayuda.**

¿Qué crees que te lleva a asumir el rol o los roles con los que te sientes identificada en cada una de tus relaciones?

....

¿Cómo te sientes cuando asumes el rol de víctima en una situación difícil?

....

¿Crees que asumir el rol de víctima te ha ayudado a detener algún conflicto a corto plazo, pero a largo plazo te mantiene atrapada?

....

¿Cómo te afecta emocionalmente tener que ser útil, intervenir y solucionar los problemas de otras personas si no te lo piden?

....

¿Qué ocurre en ti cuando no eres capaz de cambiar o de salvar a alguien?

....

¿Cómo afecta en tus relaciones que una persona se sienta acusada o atacada en lugar de escuchada y comprendida?

....

¿De qué situaciones crees que has aprendido a solo confrontar con críticas destructivas?

....

El lazo que nos une

Cada relación es un mundo donde tomamos una posición concreta. Para empezar a indagar en las dinámicas relacionales, me gustaría que, en los círculos de la página siguiente, escribieras tu nombre (círculo izquierdo) y el de la persona con la que mantienes una relación en la que son habituales los conflictos o el malestar (círculo derecho).

Después, reflexiona sobre las cosas (positivas y negativas) que aportáis cada una a la relación. Por ejemplo, quizá tú seas una persona que se preocupa por los demás y que cuida dentro de la relación, mientras que la otra persona va más a lo suyo y pocas veces te escribe para preguntar cómo estás: en ese caso escribirías «cuidados» en tu círculo e «independiente» en el de la otra persona.

Después de rellenar esos círculos, piensa. ¿Crees que tu forma es mejor que la de la otra persona o solo tenéis necesidades diferentes? ¿Qué palabras utilizarías para describir vuestra relación? Te propongo que pienses en todas las emociones y sensaciones que esta persona te genera. ¿Crees que es posible una forma de relacionaros donde ambas podáis existir y satisfacer vuestras necesidades? Responde a estas preguntas escribiendo tus respuestas en el círculo del centro.

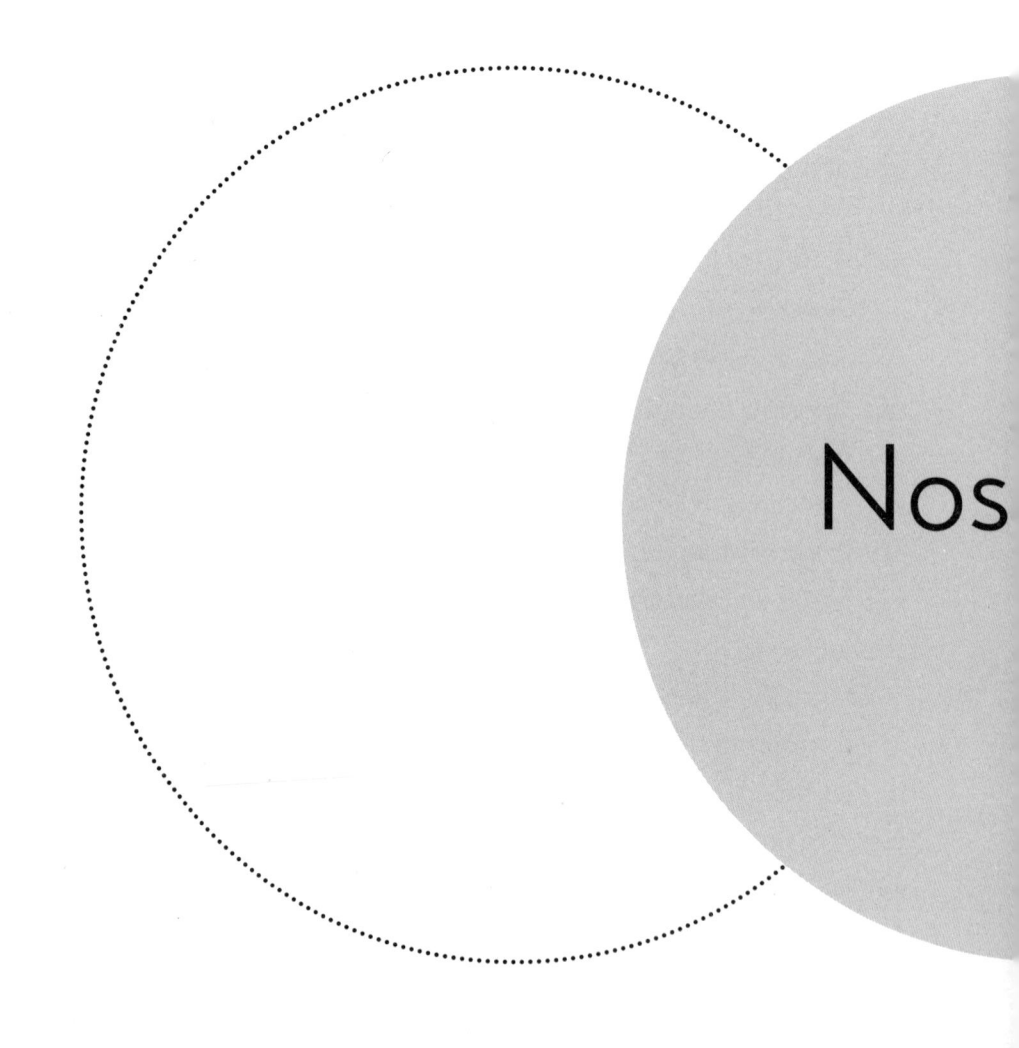

Nos

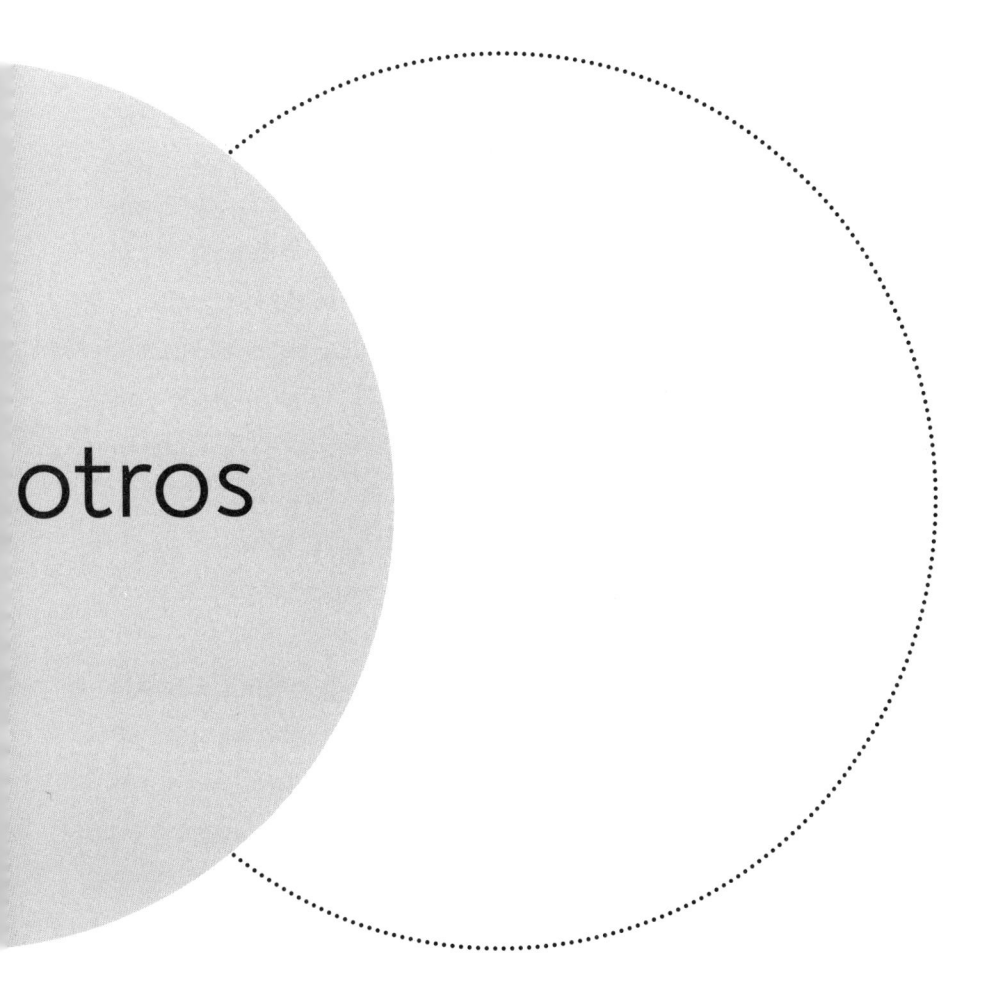

otros

Reconoce tus heridas

Una vez somos conscientes del malestar y el dolor que hemos cargado durante tanto tiempo, es necesario identificar a qué categoría pertenecen. Según la escritora Lise Bourbeau, hay cinco tipos de heridas, y todas ellas dejan una huella diferente: **la herida del abandono, la herida del rechazo, la herida de la humillación, la herida de la injusticia y la herida de la traición.**

Aunque, personalmente, creo que esta tipología no recoge la complejidad que puede ser la experiencia de la infancia y es posible que te cueste verte reflejada en alguna de ellas, lo cierto es que es un excelente punto de partida para identificar el malestar que nos generó el pasado de una forma sencilla.

Poner nombre a lo que nos ocurrió es imprescindible para iniciar el camino de la sanación.

Lee la tabla de la página siguiente. ¿Cuál es la herida con la que más resuenas hoy? ¿Qué comportamientos o actitudes en la vida adulta reflejan tu experiencia? ¿Sientes que las causas que podrían haber ocasionado tu herida tuvieron presencia en tu infancia? ¿De qué manera? ¿Recuerdas algún momento concreto de tu infancia que dejara una huella profunda en ti y que generase o empeorase esa herida?

....

....

....

....

Tipos de heridas	Posibles causas en la infancia	Posibles manifestaciones en la vida adulta
ABANDONO	Padres ausentes emocional o físicamente.	Miedo constante a la soledad. Dependencia emocional en las relaciones.
RECHAZO	Falta de aceptación, sentirse no bienvenida	Sentimiento de no ser suficiente, dificultad para establecer relaciones cercanas.
HUMILLACIÓN	Críticas constantes o vergüenza y ridiculización	Tendencia a ocultar aspectos vulnerables y genuinos. Miedo al fracaso y perfeccionismo.
INJUSTICIA	Falta de reconocimiento durante la infancia; experiencia de trato desigual.	Frustración constante, necesidad de control y patrones rígidos.
TRAICIÓN	Promesas rotas por parte de una figura de confianza. Engaños, mentiras o falsedad.	Dificultad para confiar. Relaciones con falta de autenticidad, tendencia al control.

Aceptar la ruptura

La ruptura del vínculo es algo inevitable en todas las relaciones en las que participamos a lo largo de nuestra vida; lo que hace que las relaciones sean seguras es la capacidad de reparación que existe para que podamos recuperar la confianza.

La no restauración de ese vínculo define una incapacidad para vernos a nosotras y nuestras necesidades. Cuando en la infancia no hemos recuperado la conexión con los demás, también la hemos perdido con nosotras mismas, pues hemos aprendido a ignorar o suprimir nuestras necesidades para evitar sufrir y mantener el vínculo, aunque sea a nuestra costa. Por ejemplo, en casa no pedían disculpas si en una discusión nos habían gritado, luego hacían una broma y no se hablaba del tema. De pequeña necesitabas una disculpa para entender que no tenía que ver contigo, pero al ser dependiente te valía con saber que, al menos, todo volvía a ser como siempre. Sin embargo, ahora que has iniciado este camino, poco a poco, estás más en contacto con lo que necesitas y lo que mereces, y es tu responsabilidad dártelo para reparar tus heridas relacionales y el vínculo.

Porque sí: la reparación es posible. Pero solo una vez que aceptes que no siempre vas a conocer cuál es el origen concreto de tu herida y que está bien así. Que tu madre no te diese todo el cariño que querías o que tu padre te comparase constantemente con tu hermano no tiene nada que ver contigo o tu valía, sino con sus propias heridas, y, aunque sea difícil, vale la pena reconciliarte contigo y hacer las paces con quien eres y con la idea de que no hay nada malo en ti.

Desde donde estés, piensa en cómo era esa relación en el pasado, y escribe lo que tu niña hubiese necesitado pedirles o decirles y no pudo o no supo cómo hacerlo.

....

....

....

....

....

....

....

....

....

....

....

....

....

....

....

....

Puedes anotar esa necesidad que quedó pendiente en tu infancia y encontrar un modo de satisfacerla ahora. Busca una tirita y escribe en ella con un rotulador permanente cómo puedes curar esa herida para sentir ese cambio en la responsabilidad y darte el mensaje de que ya no estás sola, que tú ahora ves el dolor que ella sintió.

Aceptar para reparar

Aceptar las heridas no es resignarse a ellas, es saber que están ahí, que a veces duelen y tratarlas con compasión; integrarlas en nuestra narrativa de vida es no negarlas ni querer borrarlas, es poder contar nuestra historia teniendo en cuenta los fragmentos que dolieron y que una vez exiliamos para no volver a sentir dolor. Y también debemos ser conscientes de que las partes de nosotras que surgieron para enfrentar al malestar en la infancia hoy pueden hacernos daño con sus comportamientos y sus palabras y está bien decirles: «Hasta aquí, ahora me ocupo yo».

Intenta responder a las siguientes preguntas:

¿Cómo te imaginas a ti misma después de sanar esta herida?

....
....
....
....
....
....
....
....
....
....

¿Cómo te verías? ¿Es una visión realista de ti?

¿Cuál sería el primer paso para acercarte a esa versión de ti que te cuida y te sana?

La hora de poner límites con los demás

Es útil aprender nuevas maneras de comunicarnos de forma asertiva en nuestra necesidad y saber poner límites cuando buscamos reparar las heridas relacionales de la infancia. Pero es innegable que poner límites y compartir nuestro yo, con todas sus facetas, dentro del entorno familiar, puede ser muy difícil e, incluso, aterrador. Tal vez sientas que al hacerlo estés traicionando a tu familia, pero nada más lejos de la realidad. Muchas veces, entramos en dinámicas disfuncionales casi sin ser conscientes de ello y los límites se vuelven necesarios para salir de ahí y establecer relaciones más saludables y, sobre todo, cuidarnos.

¿Cómo crees que te ve tu familia? Por ejemplo, como alguien desvalido que necesita que la ayuden constantemente; como alguien desapegado porque necesita tiempo para estar a solas, etc.

....

....

....

....

....

....

....

....

....

¿Cómo te gustaría que te vieran?

¿Qué límites crees que deberías poner a tu familia? Por ejemplo, aunque tu madre pueda tomárselo mal, quizá ir a comer todos los domingos a la casa familiar no te venga bien porque es el único día libre que compartís tu pareja y tú, y te gustaría priorizar ese tiempo para él. O, tal vez, tu padre te llama siempre que tiene una duda informática a ti en lugar de a tu hermana, porque siempre le has ayudado, pero ahora mismo el trabajo es tu prioridad, no tienes la misma disponibilidad para ayudarlo y te gustaría que acudiese también a tu hermana.

....

....

....

....

....

....

....

....

....

....

....

....

....

....

Recuerda: los límites no son un ataque hacia los demás, son una protección hacia ti. Están ahí para cuidarte cuando lo necesites y siempre pueden renegociarse para adaptarse a los cambios vitales y relacionales, y a nuestros deseos.

El puente

A veces, detrás la dificultad de poner límites hay una resistencia interna (culpa, miedo, inseguridad) que nos aleja de nuestro bienestar y, sin ser conscientes, repetimos un patrón que nos hace sentir que no avanzamos.

En estas páginas, dibuja un puente en medio de la hoja y, a cada lado, un sendero que está unido por el puente del centro.

En el primer sendero representarás el área de tu vida donde actualmente te sientas sobrecargada o donde detectas que más te cuesta serte fiel con las promesas que te haces y ponerte límites (trabajo). Al otro lado del puente representarás cuál es el compromiso ajustado, y fácil de cumplir, que quieres establecer en esa área (cerrar el ordenador a las ocho de la noche).

En el puente vas a escribir cuáles son esos obstáculos para entender por qué motivo no llegas al sendero que visualizas.

Después, reflexiona e intenta responder a las siguientes preguntas.

¿Cómo se sienten esos obstáculos en tu vida diaria? ¿Qué cambios podrías hacer hoy mismo para empezar a implementar las soluciones que has identificado?

....

....

....

....

....

....

....

....

....

....

....

....

....

....

....

....

....

....

....

El cambio no ocurre de la noche a la mañana. Aprender a detectar los obstáculos y encontrar la manera de seguir caminando es un trabajo para toda la vida. El primer paso no te lleva hacia donde quieres, pero te saca de donde estás.

Sigue andando y el camino aparecerá, estoy contigo.

Una carta para la niña
que fui desde la adulta que soy

En la página 64, has escrito una carta a tu yo adulta, conectando con aquello que la niña que fuiste hubiese necesitado pedirles o decirles a tus padres y no pudo o no supo cómo hacerlo.

Ahora que estamos llegando al final del camino de este diario (aunque sin duda, es un camino que seguirá más allá de estas páginas), me gustaría que, a partir de lo que escribiste en esa carta, intentes redactar una segunda misiva, esta vez desde la voz de la adulta que eres hoy, que es todo lo que necesitas para sostenerte, y dirigida a esa niña que fuiste.

¿Qué cosas te sientes preparada para decirle de manera asertiva y desde la calma que puedes ofrecerte?

....

....

....

....

....

....

....

....

....

....

....
....
....
....
....
....
....
....
....
....
....
....
....
....
....
....

Una vez hayas acabado, permanece unos minutos en silencio y vuélvela a leer. **Date permiso para exteriorizar las emociones que vengan a ti una vez más y siéntete orgullosa por haber llegado hasta aquí.**

Si lo deseas y crees que puede ayudarte, puedes compartir estas palabras con tus padres y pedirles que la lean con atención y respeto. **Pero recuerda: no está en tu mano que acepten cómo te sentiste y que te habría gustado que hicieran,** y es probable que te encuentres con respuestas defensivas, malestar o silencio. Si es así, recuerda este mantra: **no hay nada malo en ti y tienes en tu interior todo lo que necesitas.**

Un momento para dar las gracias

Los estudios demuestran que dedicar un espacio para dar las gracias a diario, durante al menos seis semanas, tiene un efecto positivo en nuestro bienestar emocional y físico, y ayuda a cambiar nuestra mirada ante los obstáculos que se nos presentan en el día a día.

A continuación, te dejo una plantilla de ejemplo para que puedas incorporar a tu rutina la práctica de la gratitud. Hay personas que practican este ritual por la mañana, con la cabeza despejada; otras que lo hacen en la tranquilidad de la noche; algunas lo hacen todos los días; otras, una vez a la semana. Lo que decidas que está bien para ti será lo mejor para ti.

Mi objetivo con esta práctica es que, poco a poco, seas capaz de ver todas las cosas buenas que hay a tu alrededor y que mereces disfrutar desde la calma.

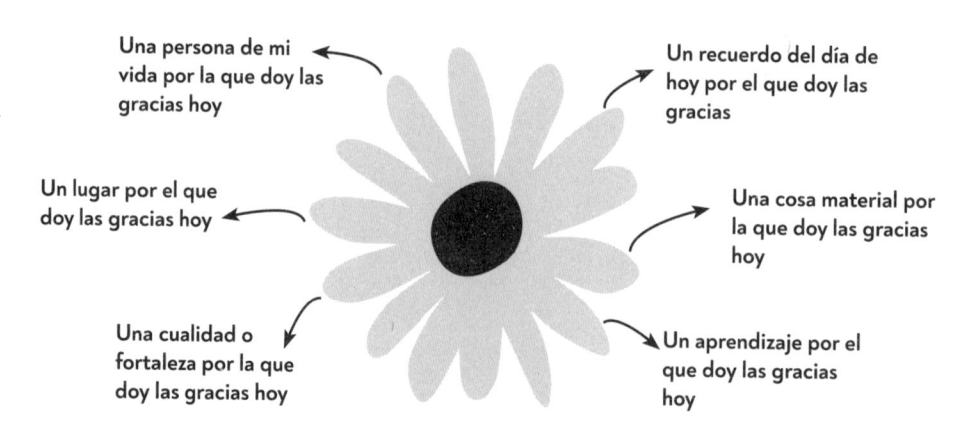

Una persona de mi vida por la que doy las gracias hoy

Un recuerdo del día de hoy por el que doy las gracias

Un lugar por el que doy las gracias hoy

Una cosa material por la que doy las gracias hoy

Una cualidad o fortaleza por la que doy las gracias hoy

Un aprendizaje por el que doy las gracias hoy

El reto de los 21 días: palabras que son abrazos

Te propongo que, durante las próximas tres semanas, acabes tu día en este espacio, escribiendo algo bonito o positivo que te guste de ti. Puede ser algo que hayas aprendido en este tiempo o algo de lo que ya eras consciente, pero estás aprendiendo a valorar. Al principio, probablemente te cueste: por lo común, cuando nos vamos a dormir, empezamos a dar vueltas a las cosas difíciles o negativas que han ocurrido en nuestra jornada, así que no desesperes en el primer intento. En mi caso, ser una persona sensible no me gustaba nada, sentir que no podía contener mis lágrimas ante un momento bonito, un anuncio emotivo en televisión o unas palabras amables me hacía sentir que las emociones me dominaban y salían a borbotones sin poder impedirlo. Lo cierto es que, con el tiempo, me di cuenta de que aparecían así porque me esforzaba mucho en reprimirlas. Después de muchas horas de terapia, me permití mostrar mi sensibilidad, dejar salir las lágrimas y entenderlas como una forma de expresión natural.

Quizá, al inicio no te salga natural reconocer todas las buenas partes de ti; tiene sentido, pues en muchas ocasiones decir cosas buenas de una misma no se fomenta socialmente, sino que se juzga, se te puede tachar de creída o poco humilde. Puedes tomarte esta propuesta como tu recordatorio para darle una vuelta a esa idea y construir un diálogo que le dé espacio a las caricias.

Aprender a abrazarnos y mirarnos con cariño y sin juicios en nuestro día a día es un hábito que requiere práctica, pero terminar el día en positivo tiene un gran impacto en nuestro autoconcepto y nuestro estado de ánimo. ¡Anímate a abrazarte con tus palabras durante los próximos veintiún días!

1.

2.

3.

4.

5.

6.

7.

8.

9.

10.

11.

12.

....
....
....

13.

....
....
....

14.

....
....
....

15.

....
....
....

16.

....
....
....

17.

....
....
....

18.

....
....
....

19.

....
....
....

20.

....
....
....

21.

....
....
....

La carta final

Ha llegado el momento. Después de todo este camino que hemos recorrido juntas, es hora de volver a mirar de frente a la niña que fuiste y decirle todo lo que en un primer momento no eras capaz. Gracias al trabajo de introspección y a las herramientas que estás adquiriendo, hoy puedes decirle: estoy aquí para sostenernos.

En estas páginas, da rienda suelta a tus palabras. Puedes pedirle perdón, calmarla, darle la mano o explicarle todas las cosas que has aprendido sobre ti; concédete permiso para sentir, emocionarte y darte la seguridad que buscas.

Si quieres, puedes tomar unas tijeras, imprimir algunas fotografías de cuando eras una niña y acompañar tus palabras con ella. **Estas palabras son solo para ti: espero que en ellas la niña que fuiste encuentre el abrazo que se merece de la adulta que eres hoy.**

Si lo deseas, recorta estas páginas, guárdalas en un sobre que tengas localizado y ábrelas pasado el tiempo que tú quieras (uno, dos, cinco o diez años).

Prometo abrazarte y cuidarte como lo necesitaste.

HASTA PRONTO,
QUERIDA LECTORA

Si has llegado hasta aquí, con el resultado que sea, felicítate por ello.

Felicítate por haber tenido el coraje y la curiosidad de explorar aquellas heridas que has identificado en ti y, sobre todo, por buscar una forma de sanarlas y lograr que puedan volverse cicatrices.

No te sorprenda detectar todavía algunas heridas en ti, no podemos borrar lo que vivimos, pero sí podemos darle un sentido y hacer las paces con ello.

Recuerda que no hay una forma incorrecta de hacer los ejercicios, no hay respuestas mejores ni peores: el mejor resultado es haberle dedicado un tiempo y haberte dado el espacio para reflexionar y sentir, hacerte preguntas y cuestionar algunas de las creencias sobre ti que hasta hoy eran verdades absolutas.

Este camino que has recorrido no es nada sencillo, traer de vuelta algunas memorias de nuestra infancia puede despertar algunas sensaciones desagradables con las que cargamos pero, al mismo tiempo, acordarnos de la niña que fuimos también significa traer de vuelta nuestra capacidad de juego y disfrute.

Piensa que no tienes que poder tú sola con todo, puedes

apoyarte en las personas que te ayudan a sentirte más tú y, si aún no sabes quién son, paciencia, quizá todavía no has conocido a todas las personas que van a quererte.

A pesar de ello, espero que hayas sentido que mientras estabas avanzando en tu diario yo estaba a tu lado acompañándote, sin prisa, para que avanzaras a tu ritmo, pues la relación contigo misma es de construcción continua.

Muchas veces esperamos no tener que volver a recorrer el camino ya andado, pero es habitual que estas promesas que te has hecho hoy en pro de cuidar a tu niña interior necesites reafirmarlas de vez en cuando y comprometerte de nuevo a estar al lado de la niña que fuiste.

Espero que este diario te haya sido útil y que puedas estar más cerca de ese abrazo que mereces.

No es importante cuándo marques esta
casilla, sino que, en algún momento, lo hagas.
Si todavía no te sientes preparada para ello,
vuelve a esta página cuando lo estés.

He conseguido acercarme y abrazar
a la niña que fui y que sigue en mí.

BIBLIOGRAFÍA

Beyebach, M. y Herrero de Vega, M. *200 tareas en terapia breve.* Herder, 2016.

Circle of Security International. *Caregiver Workbook 2020.1.* 2018. <https://www.circleofsecurityinternational.com/wp-content/uploads/Caregiver-Workbook-and-handouts-English-min.pdf>.

Clarke, M. *Healing Your Wounded Inner Child.* 2022.

Glover Tawwab, N. *The Set Boundaries Workbook.* Piatkus, 2021.

Hill, L. *Inner Child Recovery Workbook.* 2024.

Nierling, A. *The Inner Child Recovery Workbook.* 2024.

Pubill, M. J. *Guía para la intervención emocional breve.* Paidós, 2016.

Segrelles, M. *Abraza a la niña que fuiste.* Bruguera, 2023.

Segrelles, M. *Querida mamá: me dueles.* Bruguera, 2024.

Taylor. C. L. *The Inner Child Workbook.* TarcherPerigee, 1991.

Trust Mental Health. *Self-Reflecion Worksheets.* <https://trustmentalhealth.com/resources/worksheets/selfreflection-worksheets>.

Si te gustaría seguir ahondando en lo que has descubierto
en estas páginas sobre ti misma y tu infancia, recuerda
que siempre puedes acudir a mis libros anteriores o volver
a leerlos para descubrir las herramientas que necesitas
y sanar como tu corazón anhela.
Te espero en esas páginas.